ABENTEUER

WELTREISEN MIT KIND

VOM AMAZONAS BIS KATHMANDU –

EINE FAMILIE UNTERWEGS

Bilder von
Christian Nusch
Texte von
Katharina Nickoleit

Inhalt

Erste Seite:
Als Tim ein Jahr alt war, waren für ihn noch alle Vögel „GagGags“ – auch die Flamingos der Laguna Colorada in Bolivien. Er hat lange am Ufer gesessen, um ihnen zuzusehen.

Seite 2/3:
Alles, was mit Booten und Fischen zu tun hat, hat Tim seit frühester Kindheit fasziniert. Damit waren die Philippinen das ideale Reiseland für ihn.

Seite 4/5:
Kleine Pause nach stundenlangem Rauf- und Runtersteigen der Mayapyramiden von Zaculeu nahe der guatemaltekischen Stadt Huehuetenango.

Seite 8/9:
Beim Besuch eines Dorfes im Hinterland der südafrikanischen Wild Coast wollten alle wenigstens einmal den kleinen Muzungu anfassen.

Mut zum Abenteuer

„Indien? Mit einem drei Monate alten Baby? Muss das denn sein?“ Diese Frage stellten uns nicht etwa die besorgten Großeltern, sondern hippe, junge Berliner, die selber nie einem Risiko aus dem Weg gegangen waren. Aber mit einem Baby auf Weltreise zu gehen, das schien ihnen doch keine gute Idee zu sein.

Und ja, es musste sein. Wir fühlten uns einfach noch nicht bereit zu einem Weihnachten unter dem Tannenbaum. Vor allem aber wollten wir erst gar nicht damit anfangen, uns wegen Tim bei unseren Reisezielen auf Ferienhäuser an der Nordsee oder Cluburlaube am Mittelmeer zu beschränken. Denn in ferne Länder zu reisen und dort Spannendes zu erleben, das war uns immer schon so wichtig, dass wir es zum Beruf gemacht haben: Mindestens zwei Mal im Jahr sind wir für einige Wochen in Süd- und Südostasien, Lateinamerika oder Afrika unterwegs und recherchieren, fotografieren und filmen dort für die ARD, den WDR, das Deutschlandradio, Hilfsorganisationen, Reiseführer und Bildbände. Wir wollten und konnten unsere Berufe nicht aufgeben und deshalb blieb nur eines: unseren Sohn mitzunehmen.

Unsere erste Reise als Familie war ein relativ kurzer Testlauf mit nur wenigen Jobs an einen eher touristischen Ort, den wir schon kannten. Bereits nach den ersten Minuten in Indien war

Kleine Boote sind auf den Philippinen ein wichtiges Verkehrsmittel. Der Bootsführer trug nicht nur unsere Koffer, sondern gleich darauf auch Tim bis zum Boot hinaus.

klar: Beim Reisen mit Kind ist alles anders und viel einfacher als gedacht. Das fing damit an, dass uns ein Flughafenbediensteter an der Schlange vorbei direkt zum Schalter der Passkontrolle brachte, wo uns der Beamte, statt wie sonst grimmig dreinzublicken, mit strahlendem Lächeln empfing. Es ging weiter mit Besitzern von Strandrestaurants, die gelassen darüber hinwegsahen, wenn Tim ihre Liegen vollpinkelte und mit indischen Familien, die auch bei lautem Gebrüll keine Miene verzogen, sondern verständnisvoll lächelten. Und Tim, wie reagierte der darauf, plötzlich nicht mehr im gewohnten Deutschland, sondern in Indien zu sein? Soweit man das bei einem Baby sagen kann: Er liebte es. Er liebte es, den warmen Wind auf der nackten Haut zu spüren, er liebte es, sich ohne die

In Gefangenschaft gehaltene Affen landen in Bolivien, wenn sie Glück haben, in der Tierauffangstation Inti Wara Yassi. Dieser hier war zum Auswildern viel zu verschmust. Weil Tim gegen Tollwut geimpft ist, mussten wir uns keine Gedanken machen.

Schicht von Windel und Klamotten viel besser bewegen zu können und fing an sich zu drehen und zu robben. Er bestaunte die Kühe und Hunde, jauchzte in den Wellen und paddelte im warmen Wasser. Zum Schluss des Tages gab es dann noch ein warmes Bad im Eimer, und danach war er so groggy, dass er – bis auf die nächtlichen Mahlzeiten – bis zum nächsten Morgen schlief.

Die Welt mit neuen Augen sehen

Tim liebte nicht nur Indien, sondern die Inder auch ihn. Ständig hörten wir unversehens ein lautes „Sweeeeeeet“, woraufhin auch schon ein beherzter Kniff in die Wange und dann das Auspacken des Fotohandys folgte. Und das änderte sich auch in Südafrika oder Lateinamerika nicht. Nicht einmal hatten wir das Gefühl, dass unser Sohn als störend empfunden wurde, im Gegenteil, überall freuen sich die Menschen darüber, dass wir ein Kind dabeihaben. Schon das allein spricht für eine Weltreise mit Kind, denn es trägt ungeheuer zu unserer Entspannung bei, dass wir uns außerhalb Europas nie Sorgen darum machen müssen, unser Sohn könnte zu laut sein oder zu wild herumtoben. Dank Tim erleben wir auch Länder, die wir schon gut zu kennen glaubten, noch einmal völlig neu. Plötzlich sind wir keine fremden Besucher mehr, von dem die Leute nicht so recht wissen, wie sie sie ansprechen sollen, sondern einfach Eltern, mit denen man sich völlig ungezwungen über das Zahnen, Impfungen, Trotzanfälle und Lesenlernen austauscht. Das Interesse daran, wie solche Dinge in Deutschland gehandhabt werden, ist groß. Über die Frage, ob man seinem Kind erlauben sollte, Sand in den Mund zu nehmen (was in Pakistan großes Kopfschütteln ausgelöst hat), ergeben sich schnell intensive Gespräche und ehe man es sich versieht, ist man auf dem Spielplatz fest in einer Elterngruppe aufgenommen. Tim als Eisbrecher dabeizuhaben, ist nicht zuletzt für unsere Arbeit ein ungeheurer Vorteil, denn es dauert nie lang, bis unsere Gesprächspartner auftauen, aus ihrem Leben zu erzählen beginnen und sich vor der Kamera entspannen. Als Familie wirken wir einfach viel weniger bedrohlich und fremd, viel nahbarer.

Ständig im Mittelpunkt der Aufmerksamkeit zu stehen, das kann einem Kind manchmal allerdings auch zu viel werden. Auch, wenn es bedeutet, wohlmeinende und absolut reizende Menschen zu enttäuschen, muss man lernen „Nein" zu sagen, wenn man merkt, dass es mit dem Fotografieren und ins Bäckchen kneifen zu viel wird. Als Tim etwas älter wurde, begann er selber zu entscheiden, wer von ihm eine Aufnahme machen darf und das wird auch allgemein akzeptiert.

Ganz nebenbei und immer völlig unerwartet ergeben sich bei einer Reise mit Kind auch oft Momente, die fast ins Absurde abgleiten. Das passiert uns besonders oft an Flughäfen. Da werden wir in Bolivien Minuten vor Abflug aus dem Flugzeug gerufen, es gäbe Auffälligkeiten beim Gepäck. Es folgt eine scheinbar endlose, peinlich genaue Untersuchung des Koffers – so lange, bis die Tüte mit Salz vom Salar der Uyuni,

Die Tempelanlage von Patan bei Kathmandu, Nepal, zu entdecken, war zwischen all der Berichterstattung über das Erdbeben für alle eine willkommene Abwechslung.

ein Mitbringsel für die Oma, gefunden ist, die bei der Durchleuchtung offenbar so aussah wie ein Kilo Kokain. Oder es wird bei der Sicherheitskontrolle in Mumbai aus Tims Handgepäck mit spitzen Fingern eine Spielzeugschlange von der sichtlich angewiderten Beamtin gezogen. Das Kind weint, der Sicherheitschef wird gerufen und erklärt, dass es verboten sei, „exakte Repliken sehr gefährlicher Tiere" an Bord zu nehmen, da diese eine Panik auslösen könnten. Doch weil Tim noch immer schluchzt, veranlasst er, dass die Schlange nachträglich als Sondergepäck eingecheckt wird.

Hat das Kind denn was davon?

Hatte Tim überhaupt etwas von den Reisen, als er noch so klein war? Abgesehen vom warmen Wetter natürlich? Diese Frage haben nicht nur andere, sondern auch wir selbst uns oft gestellt. Sicher, einem Kleinkind ist es völlig egal, ob das Gebäude, vor dem es steht, eine sagenumwobene UNESCO-Weltkulturerbestätte oder einfach nur ein Wohnhaus ist. Aber auch sehr kleine Kinder nehmen wahr, wenn sie in einem fremden Land sind und saugen alles Neue auf. Als wir nach Pakistan reisten, war Tim 17 Monate alt und hatte gerade angefangen zu sprechen. Bis zu unserer Ankunft in Lahore hießen Autos bei ihm „BrumBrum". Nach einem Tag in dieser Stadt mit ständigem Verkehrschaos nannte er sie „TutTut". Ein paar Monate zuvor, in Peru, hatte er im Hotel einen Papagei – so wie damals jeden Vogel – als „GagGag" bezeichnet. Als der mit „Hola" antwortete, war dies fortan sein Wort für alle Vögel während dieser Reise – und zugleich seine Begrüßung für Mensch und Tier. Tim lernte schnell, dass er mit einem einfachen „Hallo" wahre Begeisterungsstürme auslösen konnte. In einem Restaurant war eine Dame davon so bezaubert, dass sie ihm ohne nachzufragen umgehend eine Cola bestellte ... Ja, wir glauben, dass Tim sehr davon profitiert hat, schon als kleines Kind viel gereist zu sein. Er ist damit aufgewachsen, dass die Menschen überall auf der Welt unterschiedlich aussehen und ge-

Unten:
Tim war fünf Jahre alt, als er das erste Mal Glück beim Angeln hatte. Und dann gleich ein Piranha. Davon erzählt er heute noch. Und auch, wie gut der geschmeckt hat.

Unten rechts:
Dreharbeiten in Bangladesch über die Folgen des Klimawandels. In solchen Situationen muss sich Tim auch mal eine Weile alleine beschäftigen oder Spielkameraden suchen.

kleidet sind, damit, dass es verschiedene Sprachen und Lebensstile gibt. Wir bekommen häufig die Rückmeldung, dass Tim ungewöhnlich offen und anpassungsfähig ist und sich gut in andere Menschen hineinversetzen kann. Und wir glauben, dass das mit unseren Reisen zu tun hat.

Routine gibt Sicherheit

Natürlich sind all die vielen neuen Eindrücke und häufigen Ortswechsel anstrengend für ein Kind und vielleicht manchmal auch überfordernd. Umso wichtiger ist es, unterwegs so viel wie möglich vom gewohnten Tagesablauf beizubehalten. Natürlich gibt es meistens weder Kindergarten noch Schule. Doch daheim wie auf Reisen beginnen wir unseren Tag mit Kakao und Kaffee und den neuesten Nachrichten nebst Wetterbericht aus dem Internet im Bett. Abends gibt es ein gemeinsames Essen, danach einen kleinen Film und zum Schluss wird vorgelesen. Wenn sich das einmal nicht durchhalten lässt, weil wir einen sehr frühen oder späten Termin haben, dann ist das kein Beinbruch, aber wir merken doch, dass Tim weniger ausgeglichen und entspannt ist, wenn wir zu häufig von unserer Routine abweichen, denn dieser verlässliche Rahmen des Tages gibt ihm Sicherheit. Inzwischen fordert er auch ein, dass der Morgen und Abend bitte „wie immer" ablaufen soll.

Außerdem entwickeln wir auch unterwegs eine gewisse Routine, indem wir täglich einen Spaziergang zu den immer gleichen Orten machen. In Bangalore gehörte der Rundgang auf dem lokalen Markt fest zum Programm. Ein

Ausflug vom Hotelschiff „Reina de Enin" im bolivianischen Amazonasgebiet. Zu manchen Jobs – in diesem Fall die Recherchen für einen Reiseführer – kann man Kinder ganz besonders gut mitnehmen.

Blick zum Schlachter und auf die Schafe, Ziegen und Hühner, nachschauen, ob die Gemüsehändler gerade zwischen ihren Körben ein Mittagsschläfchen halten oder Geschäfte machen, und zum Schluss zur Blumenfrau, gespannt darauf, was für eine Blüte sie Tim an diesem Tag wohl schenken würde. Am nächsten Ort war es dann der tägliche Besuch bei den Rikschafahrern, von denen immer einer bereit war, Tim mal am Steuer sitzen und auf die Hupe drücken zu lassen. In Panama besuchten wir regelmäßig eine alte Dame, die sich um streunende Katzen kümmert, in La Paz gehörte der Rundgang über die Plaza San Francisco, auf der Gaukler und Wunderheiler ihr Publikum fesseln, fest dazu und in Manila schlossen wir Freundschaft mit einer obdachlosen Familie, die vor dem Hotel campierte. Um eine solche Routine entwickeln zu können, braucht es Zeit. Es gelingt uns nicht immer, unsere Reise so zu planen, dass wir an jedem Ort einige Tage lang bleiben können, aber wir versuchen es.

„Gringito“ nannte diese Bewohnerin des bolivianischen Hochlands Tim zärtlich. Sie hatte zuvor noch nie ein weißes Baby gesehen und meinte scherzhaft, sie sei sich gar nicht sicher gewesen, ob die Gringos überhaupt Kinder haben.

Vom Umgang mit Risiken

Wer etwas Interessantes erleben will, muss bereit sein, Risiken einzugehen. Je länger man darüber nachdenkt, desto mehr Dinge fallen einem ein, die unterwegs passieren könnten. Und wenn es nicht die eigenen Ängste sind, die einen hindern, dann die der Großeltern und Bekannten. Wenn man sich auf der Welt umschaut, dann stellt man schnell fest, dass das Verständnis dafür, was gefährlich ist, sehr unterschiedlich ausfällt. Wir haben bei unseren Reisen von anderen Eltern gelernt, die Dinge gelassener zu nehmen und uns nicht allzu viele Sorgen zu machen. Unser Schlüsselerlebnis dazu hatten wir schon vor Tims Geburt beim Besuch eines Indianerstammes in Bolivien. Dort saß ein vielleicht einjähriges Mädchen mit einem Messer in der Hand mit etwas Abstand am offenen Herdfeuer und schälte bedächtig eine Süßkartoffel – so, wie es das bei seiner Mutter gesehen hatte. Auf unsere entgeisterte Frage, ob sie das nicht gefährlich fände, meinte die Mutter, nein, die Kleine wisse, dass Feuer heiß und ein Messer scharf ist und passe da schon selber auf. Mehr Sorgen mache sie sich um die Krokodile in der Lagune, die Gefahr könne ihre Tochter noch nicht einschätzen, weil sie damit keine Erfahrung habe. An diesem Tag nahmen wir uns vor, dass wir, wenn wir einmal ein Kind hätten, es so viel wie möglich durch eigene Erfahrung lernen lassen würden. Und tatsächlich hat Tim mit einem knappen Jahr ein Küchenmesser in die Hand bekommen, sich damit ein einziges Mal geschnitten und danach für alle Zeiten gewusst, dass Messer gefährlich sind.

Wir haben uns also so weit wie möglich davon frei gemacht, uns ständig irgendwelche Horrorszenarien auszudenken und gleichzeitig versucht, einen möglichst pragmatischen Umgang mit den zweifellos vorhandenen Risiken zu finden. Zum Beispiel beim Umgang mit Tieren. In jedem Ratgeber steht, dass man gerade in Entwicklungsländern seinen Kindern nicht erlauben sollte, irgendwelche Tiere zu streicheln, weil sie Krankheiten, darunter auch die tödliche Tollwut übertragen können. Und Tollwut ist in vielen unserer Reiseländer tatsächlich weit verbreitet. Doch bei einem so von Tieren begeisterten Kind würde das die gesamte Reise über zu Auseinandersetzungen führen – und Tim seiner schönsten Erfahrungen berauben. Deshalb brachten wir Tim früh bei, wie sich ein Hund verhält, wenn er keine Lust hat, gestreichelt zu werden und ließen ihn – durchaus gegen den Rat seiner mit Indien nicht vertrauten Kinderärztin – im Alter von einem Jahr gegen Tollwut impfen.

Auch sonst gibt es in unseren Reiseländern jede Menge Risiken, die in Deutschland undenkbar wären. Auf den Spielplätzen ragen aus den Geräten rostige Nägel heraus, Kinder steigen auf wackligen Leitern auf Flachdächer, um dort zu spielen und frei schwingende Gondeln ohne Geländer sind tägliche Verkehrsmittel. Um darüber nicht wahnsinnig zu werden, braucht man eine Tetanusimpfung und ein bisschen Vertrauen. Natürlich gibt es Unfälle, keine Frage, auch deshalb, weil die Kinder oft sich selber überlassen sind, da die Eltern auf dem Feld oder sonst wo arbeiten. Andererseits genießen sie große Freiheiten, die Kinder in Deutschland heute vor lauter Fürsorge kaum mehr kennen. Sie sind den ganzen Tag auf eigene Faust unterwegs, erkunden ihre Umwelt und testen ihre Grenzen aus. Doch eben weil es Gefahren gibt, fühlt sich das ganze Dorf oder der ganze Slum mit für sie verantwortlich und – abgesehen von der viel zu hohen Zahl grauenhafter Verkehrsunfälle – passiert viel weniger als man glauben würde. Sobald sich die ausgelassen lärmende Horde nähert, nimmt irgendein Nachbar vor Ort kurzfristig die Rolle des Erziehungsberechtigten für den ganzen Trupp an und sorgt dafür, dass nicht allzu

Manchmal fehlen Tim auf unseren Reisen Spielkameraden. Er sucht sich dann, so wie in dieser Schulklasse in Südindien, ein Kind, an das er sich dranhängt. Das geht auch ohne Worte.

viel Blödsinn angestellt wird. Eine lückenlose Beaufsichtigung ist das aber nicht und deshalb ist es für die älteren Kinder selbstverständlich, dass sie auf die jüngeren achten. Als wir in Bangladesch drehten und einfach nicht jede Minute auf unseren damals zweieinhalbjährigen Sohn aufpassen konnten, hatten wir trotz der vielen Wasserlöcher keine Angst, er könne hineinfallen, denn es war immer ein größeres Kind zur Stelle, das ihn an die Hand nahm, wenn er ihnen zu nahe kam.

Reisen bildet – besonders Kinder

Tim lernt bei unseren Reisen unglaublich viel. Er wusste als Dreijähriger, wie sich die Haut eines Haies anfühlt, dass man im Tempel seine Schuhe auszieht, warum manche Frauen ihr Haar bedecken, wie man Kokosnüsse erntet und wie sie schmecken. Die Liste ließe sich endlos fortsetzen. Besonders interessant ist für Tim die Begegnung mit der Arbeitswelt. In den Ländern, in denen wir unterwegs sind, sind die Arbeitsmethoden oft noch archaisch. Handbetriebene Schleifsteine und Webstühle, Pflügen mit Ochsen, Setzen von Reispflänzchen und Zuckerrohrernte mit schierer Muskelkraft, all das hat er mit eigenen Augen gesehen und oft sogar selber ausprobieren dürfen.

Nicht nur in Panama haben wir klassische Stadtrundfahrten und Museumsbesuche ausgelassen, um stattdessen mit Tim Märkte und Kramläden zu erkunden. Für die Fischabteilung planen wird immer extra viel Zeit ein.

Natürlich vergisst Tim viele Dinge bald wieder, aber wir staunen doch immer wieder, wie vieles er ganz selbstverständlich weiß oder wie oft er lang vergangene Erlebnisse aus seinem Gedächtnis hervorkramt, Vergleiche zieht und dabei Gemeinsamkeiten und Unterschiede bemerkt. Weil er so vieles sieht und erlebt, ist es wichtig, dass es genug Zeit und Raum gibt, um über all diese Dinge zu sprechen. Es gibt viele Fragen, die manchmal auch erst einige Tage später aufploppen. Je älter Tim wird, desto schwieriger werden sie. Oft muss erst einmal das Internet befragt werden, um eine Antwort darauf zu finden, warum genau der Ganges heilig ist oder es sich bei den Delfinen im Rio de la Plata um Flussdelfine handelte.

Oft geht es aber auch um Grundsätzliches: Warum gibt es in dem einen Land mehr Armut als in einem anderen? Sind die Menschen trotzdem glücklich? Warum fangen Fischer kleine Haie, obwohl sie doch wissen müssten, dass sie die Art damit ausrotten? Überhaupt sind Umwelt- und Tierschutzfragen für Tim besonders wichtig. In Deutschland kann man viel eher ausblenden, dass das Hühnchen gelebt hat und nur deshalb getötet wurde, damit wir es essen können – zu Besuch bei Bauern in Südamerika gibt es da kein Vertun. Und obwohl Tim Hühnchen mag, verzichtet er unterwegs oft darauf. Auf den Philippinen befreite er sogar einmal in einem Seafoodrestaurant eine Hand voll Schalentiere. Ehe wir noch wussten, was passierte, hatte er beherzt in eines der Becken gegriffen und war zum Strand gelaufen. Den Rest der Reise über ernährte er sich hauptsächlich von Reis und Gemüse. Auch wenn wir nicht ganz sicher waren, ob wir mit ihm schimpfen oder ihn loben sollten, waren wir doch stolz auf ihn.

Wir glauben – und darin stimmen wir mit seiner Klassenlehrerin überein – dass Tim bei den Reisen wesentlich mehr über die Welt lernt, als er es daheim in der Schule je könnte. Im zweiten Schuljahr kam er auf satte 284 entschuldigte Fehlstunden und hatte trotzdem ein gutes Zeugnis. Doch nicht nur deshalb können wir das Weltreisen mit Kind aus vollem Herzen empfehlen. Tim die Welt zu zeigen und sie zugleich auch für uns neu zu entdecken ist noch viel wunderbarer, als wir gedacht und viel einfacher, als wir gehofft hatten. Die größte Herausforderung beim Reisen mit Kind ist nicht die Reise an sich, sondern das Losfahren. Deshalb: Nur Mut zum Abenteuer Weltreisen mit Kind!

Seite 20/21:
Andere Besucher der Freitagsmoschee in Lahore, Pakistan, waren so begeistert davon, einem europäischem Kleinkind zu begegnen, dass sie bei den fliegenden Händlern Spielzeug kauften und Tim mit Geschenken überhäuften, von denen wir nicht wussten, wie wir sie noch in die Koffer kriegen sollten.

Unten:
Zu warten, bis Papa für den Bildband über Uruguay Piriápolis auch aus dem letzten denkbaren Winkel fotografiert hatte, war langweilig. Glücklicherweise sind die Wasserabflüsse zum Meer so großzügig gebaut, dass ein Sechsjähriger hindurchkrabbeln und sich so die Zeit vertreiben kann.

Auf allen Vieren die Welt erkunden

Nie war das Reisen mit Kind so einfach, wie als Tim noch klein war. Entweder er schlief oder er betrachtete staunend seine Umwelt – und all die vielen Menschen, die sich an ihm nicht sattsehen konnten. Die Menschen sind in den südlichen Ländern ohnehin ausgesprochen kinderlieb, doch ein weißes, rothaariges Baby kann echte Begeisterungsstürme auslösen. In Südafrika konnten wir in den Restaurants meistens ganz in Ruhe essen, weil die Manager Tim dem Koch und allen Stammgästen vorstellen wollten. In Pakistan schenkten ihm wildfremde Menschen Spielzeug. Und in Peru war in einem Hotel eine Dame von ihm so bezaubert, dass sie ihm ohne weiter nachzufragen eine Cola ausgab ... Vor allem aber genießen Kleinkinder in den meisten Ländern Narrenfreiheit. Niemand regt sich über Kindergeschrei oder Rumgerenne auf und das macht das Reisen auch für die Eltern ungeheuer entspannend.

Man muss bei einer Reise mit Kleinkind damit klarkommen, dass jeder es fotografieren und anfassen möchte. Und natürlich ein Gespür dafür entwickeln, wann es zu viel wird. Doch wenn das gelingt, dann ist das Reisen mit einem kleinen Kind ein ganz besonderes Erlebnis.

Seite 22/23:
Vor der Reise zum Salar zum Uyuni, wo wir über die Lithiumgewinnung berichteten, machten wir uns vor allem Gedanken darüber, wie Tim mit der Höhe von immerhin 3800 Metern klarkommen würde. Die einzige, die Probleme hatte, war aber seine Mutter.

Rechts:
Wie fühlt sich ein Meer aus Salz an und wie schmeckt es? Das waren Fragen, die sich am Salar de Uyuni in Bolivien nicht nur Tim, sondern auch wir uns stellten.

TOYOTA LAND CRUISER
TOYOTA
FOUR WHEEL DRIVE

Linke Seite:
Auch wenn Tim mit drei Monaten noch nichts mit Indien anfangen konnte – statt sich im kalten Winterdeutschland in dicke Kleidungsschichten einpacken zu lassen, sich in Goa vom warmen Wind streicheln zu lassen, fand er trotzdem gut.

Für die indischen Touristen war Tim ganz klar die Hauptattraktion ihres Urlaubes. Wir waren dabei als Eltern nur Statisten. Die Auskunft über Name, Alter und Heimatland haben wir gefühlt täglich hundert Mal gegeben.

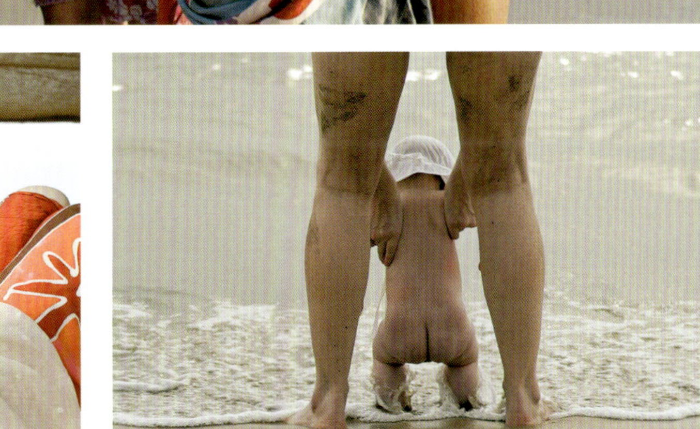

Ganz links:
Das Reisen mit Kind ist nie einfacher als im Säuglingsalter. Es braucht nicht viel mehr als einen Schattenplatz und ein Tuch zum Stillen.

Links:
Die Inder hielten uns für verrückt, dass wir ein Baby im Meer baden lassen. Doch Tim jauchzte jedes Mal vor Begeisterung auf, wenn die Wellen an seine Beine schlugen.

Ganz links:
Es ist fast unmöglich, beim Weltreisen mit Kind zu viele Tücher mitzunehmen. Sie dienen als Kleidung, Lagen, Sichtschutz, Schattenspender und später auch zum Hüttenbau.

Links:
Aus einer Mail an die Großeltern: „Macht Euch keine Sorgen! Es ist wirklich alles viel unkomplizierter als gedacht. Und einfach großartig!"

In dem Fischerdorf Agonda in Goa haben wir unser festes Standbein in Indien. Es ist so ruhig, dass selbst buddhistische Mönche hier Urlaub machen.

In vielen Fischerdörfern Goas fangen die Bewohner den Fisch noch auf althergebrachte Art: Ein langes Netz wird in einem großen Bogen in der Bucht ausgebracht und dann von Land aus ans Ufer gezogen. Dazu braucht es das ganze Dorf, das sich nachher den Fang teilt.

Der Bericht über diese besondere Art des Fischfangs war die erste Reportage, zu der wir Tim mitnahmen. Er verschlief sie unter Aufsicht einer der Fischersfrauen im Schatten ihrer Hütte.

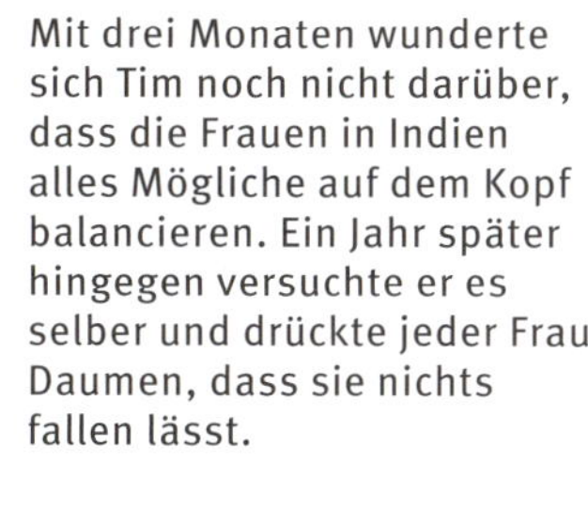

Mit drei Monaten wunderte sich Tim noch nicht darüber, dass die Frauen in Indien alles Mögliche auf dem Kopf balancieren. Ein Jahr später hingegen versuchte er es selber und drückte jeder Frau Daumen, dass sie nichts fallen lässt.

Halb so schlimm – lange Flugreisen mit Baby und Kleinkind

13 Stunden mit einem Baby auf einem Sitzplatz festgenagelt, womöglich noch umsteigen müssen – was für eine Horrorvorstellung. Das zumindest dachten wir, bis wir es selber ausprobierten und feststellten: Alles nicht so wild.

Rechts:
Bordunterhaltung für Säuglinge ist eine vergleichsweise simple Angelegenheit. Die meiste Zeit hat Tim ohnehin verschlafen.

Tims erster Flug führte ihn im Alter von drei Monaten nach Indien. Bei Start und Landung wurde er gestillt und hatte dadurch kein Problem mit den Ohren. Ansonsten verschlief er den größten Teil der Reise. Auf seiner zweiten Reise mit fünf Monaten nach Südafrika war es genauso.

Etwas kompliziert wird es, wenn die Kinder so alt sind, dass sie Bewegung brauchen. Wir haben im Laufe der Zeit sehr viele Runden durch Flugzeuge gedreht. Gang runter und mit den wachen Passagieren flirten, kleiner Besuch in der Küche und bei den Flugbegleitern einen Keks abstauben, Gang rauf und durch den Vorhang in die Businessclass lugen – und dann die Runde gleich noch mal antreten, so lange, bis wieder ein Buch oder das elektronische Bordprogramm für Kleinkinder zum Einsatz kommen können. Am Ende des Fluges wurde Tim jedes Mal von allen Flugbegleitern und einem guten Teil der Mitreisenden persönlich verabschiedet.

Kinder unter zwei Jahren fliegen fasst umsonst. Einen Sitzplatz gibt es nicht, aber solange sie klein sind, ein Babybettchen. Aber Achtung: Jede Fluglinie hat andere Bestimmungen, ab wann sie dafür zu groß oder zu schwer sind.

Zwischenlandungen

Zwischenlandungen sind in diesem Alter eine willkommene Abwechslung. An vielen Flughäfen gibt es Spielplätze für Kleinkinder und wo sie fehlen, geht es auf Entdeckungstour. Es gibt schließlich viel zu sehen: Flugzeuge landen und starten, Gepäck wird verladen, Essen angeliefert und mit etwas Glück steht in einer Ecke ein Transportwägelchen, an dessen Steuer man sich setzen und vielleicht sogar eine Runde mitfahren kann. Wichtig ist aber vor allem Bewegung. Christian und Tim spielten immer „Nachlaufen" zwischen den Gates und legten dabei im Laufe der Zeit einige Kilometer zurück.

Vorzugsbehandlung

Während es in Europa und Nordamerika auf den Flughäfen bei Sicherheits- und Passkontrollen extra Schlangen für Gäste der Businessklasse gibt, bekommen sonst überall auf der Welt Reisende mit kleinen Kindern eine Vorzugsbehandlung. Egal, ob in Afrika, Asien oder Lateinamerika – wer ein Kind auf dem Arm hat, wird sofort nach vorne durchgewunken.

Egal mit welcher Fluglinie, wir bekamen immer ein Reisebettchen, Decken, heißes Wasser, Schälchen und Löffel für Brei und oft sogar ein Lätzchen und Feuchttücher. Für

Tim brauchten wir nicht mehr als Windeln und Wechselkleidung im Handgepäck und damit nicht einmal eine Extratasche.

So reizend es auch aussieht, wenn ein auf noch wackeligen Beinen laufendes Kleinkind stolz am Flughafen sein eigenes Köfferchen hinter sich herzieht – wir raten davon ab, kleinen Kindern eigenes Handgepäck mitzugeben. Wenn man endlich, von langem Flug und Zeitumstellung gebeutelt, am Ziel angekommen sein schlafendes Kind durch die langen Gänge Richtung Passkontrolle und Gepäckband tragen muss, dann ist das niedliche kleine Köfferchen einfach ein Gepäckstück zu viel.

Weil das Thema „Fliegen mit Baby und Kleinkind“ viele Eltern beschäftigt, hat Kerstin Führer unter diesem Titel einen Ratgeber geschrieben, der im Verlag KidsAway erscheint und keine Fragen offen lässt.

In dem kleinen guatemaltekischen Buschflieger war es Tim nicht so recht geheuer. Die beste Beruhigung war wie damals immer die Hand auf Mamas Brust zu legen.

Je kleiner das Flugzeug, desto wackeliger und damit spannender wird der Flug. Diesen Zusammenhang hat Tim schnell begriffen und hofft seither immer auf einen Buschflieger.

Ganz links:
Auch ohne Bildschirm ist Fliegen nur selten langweilig. Erkenntnis beim Flug übers Amazonasgebiet: Das Ausmaß von Überschwemmungen kann man am besten aus der Luft erkennen.

Mit drei Jahren bewegte sich Tim auf Flughäfen schon wie ein echter Profi. Seine wichtigste Frage war schon damals, ob es an seinem Platz einen Fernseher geben würde.

Wie der Anschnallgurt geschlossen wird, weiß Tim schon lange. Auch, dass man vor dem Start die Sicherheitsbestimmungen lesen soll. Manchmal erinnert er uns daran.

Seite 32/33:
Die Wild Coast liegt abseits der üblichen Touristenroute Südafrikas und ist ein echter Geheimtipp.

In Südafrika berichteten wir unter anderem für das Kolpingwerk über dessen Rehabilitierungscamp für straffällige Jugendliche. Die schweren Jungs waren unendlich stolz darauf, dass wir ihnen unseren Sohn anvertrauten und extra vorsichtig und liebevoll.

Zwischendurch war auch Zeit für Familienausflüge. Bei seiner ersten Kanutour im Hinterland der Wild Coast war Tim etwa ein halbes Jahr alt.

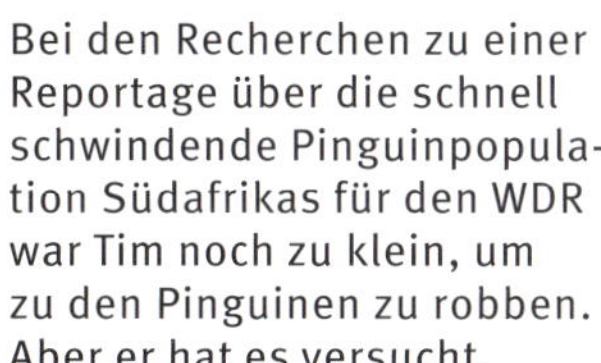

Bei den Recherchen zu einer Reportage über die schnell schwindende Pinguinpopulation Südafrikas für den WDR war Tim noch zu klein, um zu den Pinguinen zu robben. Aber er hat es versucht.

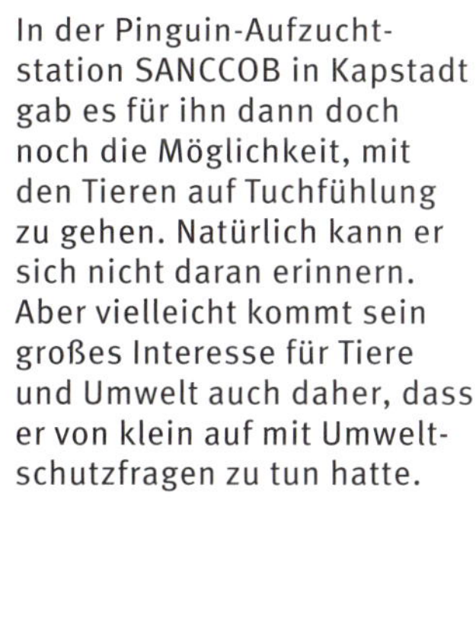

In der Pinguin-Aufzuchtstation SANCCOB in Kapstadt gab es für ihn dann doch noch die Möglichkeit, mit den Tieren auf Tuchfühlung zu gehen. Natürlich kann er sich nicht daran erinnern. Aber vielleicht kommt sein großes Interesse für Tiere und Umwelt auch daher, dass er von klein auf mit Umweltschutzfragen zu tun hatte.

In Peru mussten wir erst einmal mehrere Bergketten überqueren, um die Bauern zu erreichen, über deren fair gehandelten Kakao wir berichteten.

Zwölf Stunden lang waren wir durch weitgehend unbewohntes Gebiet unterwegs. Wenn Tim mit damals einem Jahr nicht noch gestillt worden wäre, wäre das schwierig gewesen. Aber so war es kein Problem.

Im ersten Moment haben wir schon geschluckt, als uns klar wurde, dass wir nur mit dieser Gondel zu den Kakaobauern kommen würden. Aber wenn peruanische Kleinkinder damit fahren – warum dann nicht auch Tim?

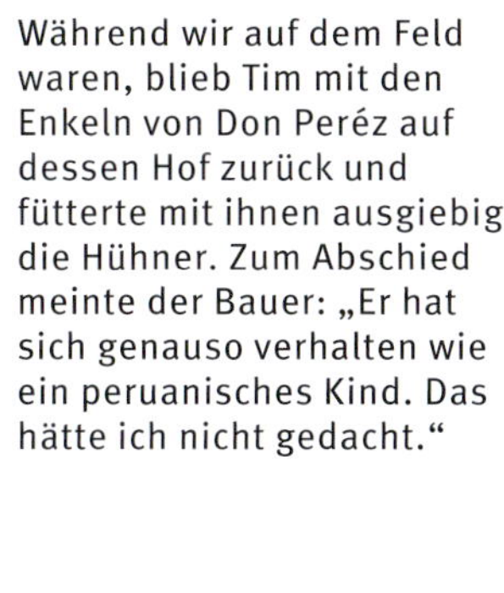

Während wir auf dem Feld waren, blieb Tim mit den Enkeln von Don Peréz auf dessen Hof zurück und fütterte mit ihnen ausgiebig die Hühner. Zum Abschied meinte der Bauer: „Er hat sich genauso verhalten wie ein peruanisches Kind. Das hätte ich nicht gedacht."

Der ganze Babykram

Die Liste der Dinge, die man angeblich braucht, wenn man ein Kind bekommt, ist unendlich lang. Wie um Himmelswillen soll man mit dem ganzen Kram auf Reisen gehen? Doch bei näherer Betrachtung wird schnell klar, dass das meiste überflüssig ist.

Rechts:
Grenzenlos wickeln im Niemandsland zwischen Guatemala und Mexiko. Niemand käme im Traum auf die Idee zu fordern, dass man dafür doch einen geeigneteren Platz suchen solle.

Wer plant, mit seinem Baby oder Kleinkind auf Weltreise zu gehen, sollte auf jeden Fall so lange stillen wie möglich. Ich habe Tim die Brust gegeben, bis er zwei Jahre alt war und das hat uns in manchen Situationen wirklich gerettet. Als in Peru unser Flugzeug ausfiel und wir 14 Stunden lang mit dem Taxi die weitgehend unbewohnte Andenkette überqueren mussten, war das zwar unbequem, aber dank des Stillens kein wirkliches Problem. Auch sonst ist es einfach praktisch, keine Fläschchen, Wasserkocher, Sterilisatoren und sauberes Trinkwasser durch die Gegend schleppen zu müssen. Ganz nebenbei: Milchpulver ist in allen Entwicklungsländern erhältlich – ein höchst umstrittener Erfolg der internationalen Milchpulverhersteller, die einen Großteil ihres Umsatzes heute dort machen, wo die Empfehlung der Weltgesundheitsorganisation, Müttern zum Stillen zu raten, kaum umgesetzt wird. Und das nicht zuletzt deshalb, weil Hebammen und Ärzte hohe Provisionen erhalten, wenn sie zu Milchpulver raten. Zusätzlich hatten wir anfangs immer einen kleinen Vorrat Breipulver dabei, den wir vor Ort auffrischen konnten. Heißes Wasser und eine Schüssel hat jedes Restaurant gerne zur Verfügung gestellt.

Nicht nur am Strand ist ein Tragesystem wesentlich praktischer als ein Kinderwagen. In vielen Städten gibt es gar keine Bürgersteige.

Einen Kinderwagen mitzunehmen hat sich schnell als unpraktisch erwiesen. Der Untergrund ist meistens nicht geeignet und das sperrige Gerät wird leicht mal zum überflüssigen Ballast.

Kinderwagen und Buggy

Kinderwägen und Buggys sind in vielen Ländern ziemlich unpraktisch – sei es, weil auf den Bürgersteigen Menschen leben und deshalb kein Durchkommen ist, oder weil die Bürgersteigkanten so hoch sind, dass man den Kinderwagen zu zweit anheben muss, um rauf- oder runterzukommen. Ein Tragetuch leistet da wesentlich bessere Dienste und ist deutlich leichter zu transportieren. Lediglich an Flughäfen sind Buggys wirklich sinnvoll, weil sie auch als Wagen fürs Handgepäck dienen.

Der Sicherheit wegen wären Autokindersitze natürlich wichtig. Doch in den meisten Ländern, in denen wir unterwegs sind, gibt es auf den Rücksitzen in aller Regel keine Anschnallgurte. Bevor wir also so ein sperriges Gerät womöglich völlig umsonst mitschleppten, haben wir meistens darauf verzichtet und Tim im Auto auf den Schoß genommen.

Wickeln

Wenn man nicht gerade in einem kleinen Dorf ist, sind Windeln eigentlich überall erhältlich – allerdings oft nur in kleinen Größen. Das liegt vor allem daran, dass sich in Entwicklungsländern viele Menschen Windeln höchstens für die Anfangszeit leisten können – in Indien haben wir Wiegen und Strampelanzüge gesehen, die auf der Höhe des Pos einfach ein Loch haben. Ohne Windeln, die jede Nässe sofort vollständig aufsaugen, verstehen die Kinder schnell, was da in ihrem Körper passiert und werden viel früher trocken. Und wenn doch mal was danebengeht, ist das Verständnis rings herum groß. „Wir waren alle mal klein" – das war alles, was ein Hotelbesitzer in Goa sagte, als Tim auf seinen Tresen pinkelte. Eine Weltreise ist also eine ausgezeichnete Gelegenheit, es einfach mal ohne Windel zu probieren.

In keinem der sieben Entwicklungsländer, in denen Tim gestillt wurde, gab es deshalb irgendwelche Probleme – auch nicht in Pakistan. Freunde berichten aber, dass das in den USA durchaus anders sein kann.

Selbst in einfachen Strandunterkünften in Indien bekamen wir zum Baden für Tim einen Eimer und warmes Wasser. Mehr braucht man zur Babypflege nicht.

Tücher in allen Ausführungen kann man auf Reisen mit Kleinkindern kaum genug dabei haben.

Kurzer Windelstopp vor der Weiterfahrt durch die peruanischen Anden. Die Provinzstadt Andahuaylas war der letzte Ort, an dem wir die Windelvorräte auffüllen konnten.

Zugegeben: Tim hätte mit seinem einen Jahr bestimmt auch einen schönen Nachmittag gehabt, wenn wir statt der Pampatour in der Nähe von Rurrenabaque in Bolivien zum Spielplatz gegangen wären. Aber für uns war der Ausflug ein Höhepunkt der Reise.

Rechts:
Ihm dabei zuzusehen, wie er voller Begeisterung den Totenkopfäffchen zusieht, die durch Zweige tollen …

Ganz rechts:
… oder mit ihm nach Kaimanen Ausschau zu halten, die „haps" machen und bei ihm auch genau so hießen, hat sehr viel Spaß gemacht. Nur als wir auf eine Sandbank aufliefen und Christian in Sichtweite der „Haps" aussteigen und schieben helfen musste, wurde Tim für einen Moment unruhig.

Rechts:
Wie machen die Capybaras? Diese Frage ließ sich nicht klären. Aber dass ihnen Gefahr droht, wenn ein Kaiman vorbeikommt, war Tim durchaus schon als Kleinkind klar.

Ganz rechts:
Bei den Flamingos ist die Frage nach Name und Sprache klar zu beantworten. „GagGag", so wie alle Vögel. Außer bei Papageien: da kann es durchaus auch „Hola" sein.

Mit der Aussicht für Recherchen – in Rurrenabaque für einen Reiseführer – immer mal wieder in die Natur zu kommen, lassen sich die oft lauten und verschmutzten Städte besser ertragen.

Erholung nach einem Tag voller Abenteuer und Fotografieren. Tim brauchte nicht nur als Baby sondern auch später noch immer wieder Pausen, um die vielen Eindrücke zu verarbeiten.

Linke Seite:
Unterwegs im äußersten Südwesten Boliviens nahe der Grenze zu Chile. Lange Fahrten gehören bei unseren Reisen dazu. Tim hat gelernt, sie ohne großes Nörgeln durchzuhalten.

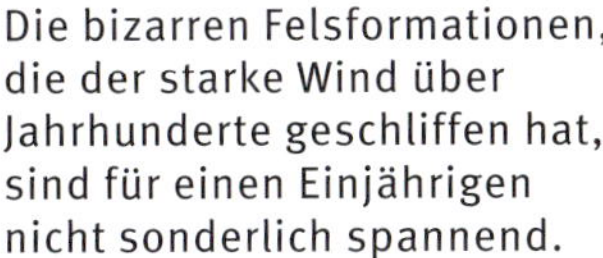

Die bizarren Felsformationen, die der starke Wind über Jahrhunderte geschliffen hat, sind für einen Einjährigen nicht sonderlich spannend.

Doch bei den Flamingos der Laguna Colorada war Tim sofort wieder in seinem Element.

Wenn man sich nur traut, gibt es kaum etwas, was man mit einem Kleinkind nicht machen könnte. Auf das Baden in den heißen Quellen mussten wir auch mit Tim nicht verzichten.

Im Südwesten Boliviens lassen sich die sonst sehr scheuen Vicuñas ausgezeichnet beobachten. Dabei hätten es für Tim gar nicht solche seltenen Tiere sein müssen, Lamas hätten es ebenso getan.

Einem Kleinkind ist es egal, ob es eine Reise auf die Schwäbische Alb oder zur Isla Incahuasi im Salar de Uyuni macht. Aber deswegen müssen ja die Eltern nicht auf Abenteuerreisen verzichten …

Diese beiden Mädchen waren nicht nur von dem kleinen Gringo fasziniert, sondern auch von dem Bilderbuch, das wir dabeihatten. So etwas gibt es in der Wüste des bolivianischen Hochlandes nicht.

Linke Seite:
Die Freitagsmoschee von Lahore in Pakistan ist nicht der schlechteste Ort für einen Ausflug mit Kind. Es gibt viel autofreien Platz zum Rumlaufen und Säulen, hinter denen man sich verstecken kann.

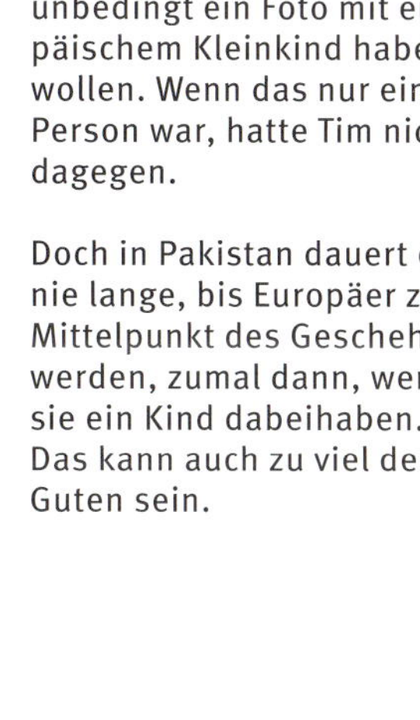

Und jede Menge kinderfreundliche Pakistani, die unbedingt ein Foto mit europäischem Kleinkind haben wollen. Wenn das nur eine Person war, hatte Tim nichts dagegen.

Doch in Pakistan dauert es nie lange, bis Europäer zum Mittelpunkt des Geschehens werden, zumal dann, wenn sie ein Kind dabeihaben. Das kann auch zu viel des Guten sein.

Die indische Bahn brachte uns zu einer Reportage über den Teeanbau in die Nilgiris. Unterwegs wurden wir nicht nur nach Tims Alter gefragt, sondern auch, ob er gegen Polio geimpft ist. Das sei in Indien wichtig.

Für guten Tee dürfen nur eine Knospe und die obersten drei frischen Blätter gepflückt werden. Es gibt immer weniger Pflückerinnen, die diese viel Sorgfalt erfordernde Arbeit machen wollen.

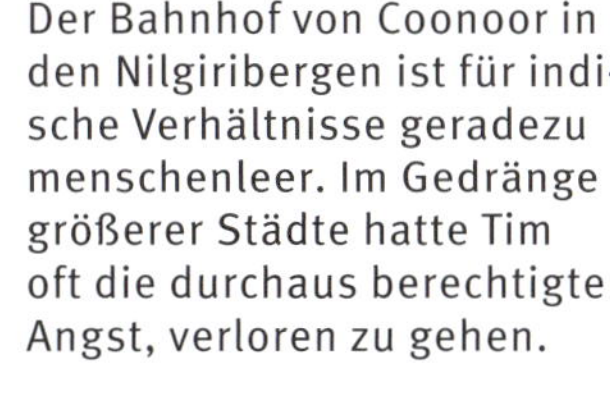

Der Bahnhof von Coonoor in den Nilgiribergen ist für indische Verhältnisse geradezu menschenleer. Im Gedränge größerer Städte hatte Tim oft die durchaus berechtigte Angst, verloren zu gehen.

Damit die Pflückerinnen in Ruhe arbeiten können, gibt es auf den Teeplantagen eine Kinderbetreuung. Auch Tim kam hier für ein Weilchen unter.

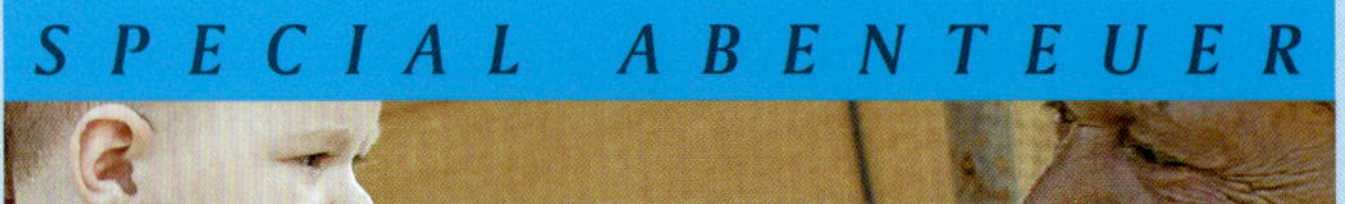

Kinderbetreuung unterwegs

Wenn wir auf Reisen sind, dann arbeiten wir den größten Teil der Zeit und obwohl Tim viel Geduld mit uns hat und schon früh wusste, wann er uns nicht unterbrechen darf, brauchen wir doch immer wieder auch unterwegs Kinderbetreuung. Als Tim klein war, war das oft ein zusätzlicher Job für die Fahrer, die Tim mit Engelsgeduld Blinker und Hupe bedienen oder manchmal sogar steuern ließen. Zuweilen kümmerten sich auch die Familien unserer Interviewpartner. Dann fütterte Tim mit Hingabe die Hühner oder spielte ganz einfach mit den Kindern. Das ist natürlich viel spannender, als während eines Interviews still sein zu müssen und solange wir in Sicht- oder Hörweite waren, war es für Tim überhaupt kein Problem, nicht direkt bei uns zu sein. Wir mussten uns schon eher daran gewöhnen, unser Kind Fremden anzuvertrauen. Doch in den Ländern, die wir bereisen, sind die Familien groß und jeder hat Erfahrung mit Kindern. Nicht selten war es das sprichwörtliche Dorf, das sich einfach um ein Kind mehr kümmerte.

Als Tim etwas älter war und es für ihn wichtiger wurde zu sprechen und dabei verstanden zu werden, engagierten wir manchmal deutschsprachige Backpacker als Babysitter. Wir fanden sie über Internetforen für Reisende oder per Aushang in Hostels. Und an Orten wie Goa oder Bali, an denen viele Reisende länger bleiben, gibt es auch selbst organisierte Spielgruppen oder sogar Kindergärten, die reisenden Eltern ein wenig kinderfreie Zeit verschaffen.

Rechts:
Diese indischen Großeltern litten bei ihrem Urlaub in Goa unter Enkelentzug. In der Strandhütte nebenan schäkerten sie einen ganzen Nachmittag lang mit unserem Sohn und brachten ihn nur gelegentlich zum Stillen vorbei.

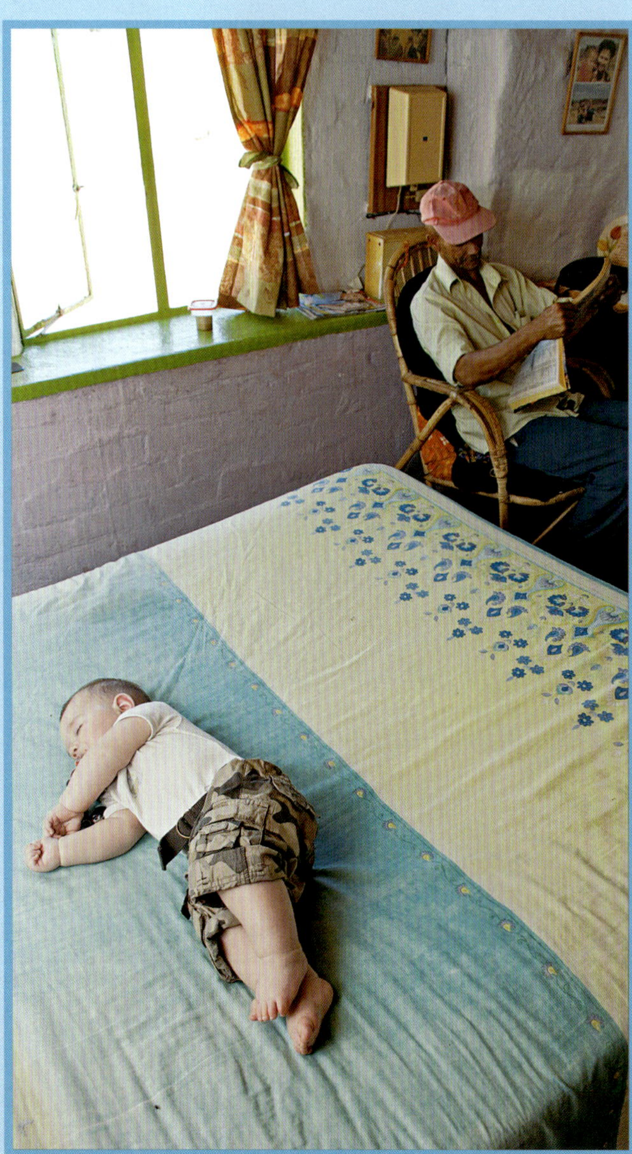

Während wir uns mit dem Sohn dieses südafrikanischen Buschmanns seine Rooibosteepflanzung ansahen, bewachte der erfahrene Großvater Tims Schlaf.

In Bolivien gehört eine Uniform schon für die Kleinsten fest dazu. Der Kolpingkindergarten in Cochabamba ließ es sich nicht nehmen, auch Tim damit zu versorgen.

„Prachtig Baby, prachtig, prachtig“ meinte die Buschmannfrau liebevoll, als Tim von seinem Schläfchen erwachte und wollte ihn kaum wieder hergeben.

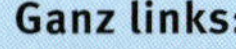

Ganz links:
Auf unseren Reisen muss Tim auf Roller, Skateboard, Drei- und Fahrräder verzichten. Meistens findet sich aber ein Kind, das ihm sein Gefährt leiht und, so wie hier in Peru, oft auch noch eine Kinderbetreuung dazu.

Die Arbeiterinnen eines Weingutes in Südafrika geben ihre Kinder tagsüber in der gutseigenen Betreuung ab. Dort war auch noch ein Platz für Tim frei.

An seinem zweiten Geburtstag waren wir mit Tim gerade in Mexiko um für die ARD einen Film über Kaffeebauern zu drehen. Kurzerhand kauften wir eine Piñata und luden alle Kinder des Dorfes zum Feiern ein.

Der Kampf um die Süßigkeiten war Tim zu wild. Aber hinterher mit den Kindern der Bauern auf Kaffeesäcke zu klettern und davon herunterzuspringen, fand er großartig.

Rechte Seite:
Sonntagsspaziergang im mexikanischen Chiapas. Selbst zur besten Erntezeit nahm sich Don Alfonso Lopez den Sonntag frei, um Zeit mit seinen Kindern zu verbringen.

Der Besuch in der guatemaltekischen Ruinenstadt Tikal war ebenso schön wie anstrengend. Das Gelände ist weitläufig und den ganzen Tag einen properen Zweijährigen durch die Gegend zu schleppen, ist nicht ganz ohne.

Dieser Einbaum vor unserer Hütte an der Karibikküste Guatemalas war Tims Lieblingsort. Er war stundenlang damit beschäftigt Angeln zu spielen.

Ganz links:
In Guatemala die Mayapyramiden von Zaculeu bei Huehuetenango zu erklimmen, war für Tim eine wunderbare Gelegenheit, sich nach einer langen Autofahrt einmal wieder richtig zu verausgaben.

Links:
Mit zwei Jahren konnte Tim noch nichts mit der Geschichte über das Gold aus Peru, das über die Karibik nach Spanien verschifft wurde, anfangen. Aber auf den Kanonen, die zur Verteidigung gegen Piraten eingesetzt wurden, herumzuklettern, machte ihm trotzdem Spaß.

Das Castillo de San Felipe nahe dem guatemaltekischen Städtchen Río Dulce sieht aus wie eine Filmkulisse, ist aber tatsächlich ein echtes, altes spanisches Fort aus dem Jahr 1604, das mehrfach von Piraten überfallen wurde.

Seite 56/57:
Guatemalas Karibikküste ist sehr kurz aber deswegen nicht weniger idyllisch als in den Nachbarländern. Auch ein Zweijähriger kann das schon zu schätzen wissen.

DIOS ME GUIA

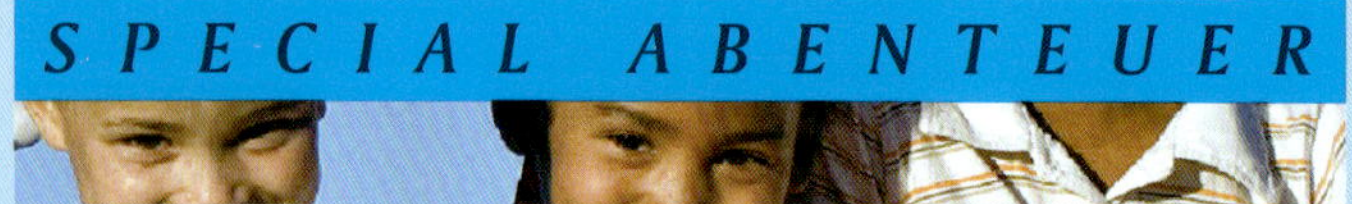

Blick über den Tellerrand: Eltern in aller Welt

Ganz gleich, wo wir hinkommen, ob zu Indianern im Amazonasgebiet, zu Erdbebenopfern nach Nepal oder zu Townshipbewohnern nach Südafrika: Überall auf der Welt haben Eltern dasselbe Anliegen: Das Glück und Wohlergehen ihrer Kinder. Dazu braucht es allerorten dasselbe: Genug zu essen, ein festes Dach über dem Kopf und etwas Ordentliches zum Anziehen, gute ärztliche Versorgung und Bildung und eine Umgebung, in der ihre Kinder sicher aufwachsen können.

Für uns ist all das selbstverständlich, doch anderswo gehen Eltern bis an ihre Grenzen und darüber hinaus, um die Grundbedürfnisse ihrer Kinder zu erfüllen. Da ist zum Beispiel Gita, eine indische Mutter, die jeden Tag von acht Uhr in der Früh bis tief in die Nacht in ihrem Laden arbeitet, sich nichts sehnlicher wünscht, als mit ihren Kindern zu-

Rechts:
Weil es im südafrikanischen Busch keine Schule gibt, sieht Katrina Fortuin ihre Töchter nur, wenn sie am Wochenende aus der Schulherberge in der nächsten Stadt nach Hause kommen. „Natürlich vermisse ich sie", meint sie, „aber Schule ist wichtiger!"

Rechts:
Don Alfonso Lopez ist stolzer Vater von neun Kindern und hat mit seinen 49 Jahren schon zwei Enkel. Für seinen Jüngsten wünscht sich der mexikanische Kaffeebauer vor allem eines: eine gute Schulbildung.

Ganz rechts:
Wie alle Indígenas trägt auch diese mexikanische Mutter ihr Kind in einem Tragetuch. So hat sie es nicht nur unterwegs, sondern auch bei der Arbeit auf dem Feld immer bei sich.

sammen zu sein und doch darauf verzichtet, um sie kleiden und ernähren zu können. In Südafrika und Brasilien trafen wir Eltern, die sich in einer Kolpingfamilie zusammengeschlossen haben und Freizeitangebote wie Fußball oder Tanzen organisieren, um die Kinder von der Straße und damit außer Reichweite der Straßengangs zu bringen. In Guatemala besuchten wir ein Dorf, in dem fast nur noch Kinder und Großeltern leben – die Mütter und Väter haben sich auf den gefährlichen Weg in die USA gemacht, wo sie als Illegale leben und arbeiten, um jeden Monat das Geld für die Schulmaterialien verdienen zu können. Der Wunsch, dass es für ihre Kinder eine Zukunftsperspektive geben soll, eint Eltern auf der ganzen Welt.

Dem Sohn zu zeigen, wie man sein langes Haar zu einem Knoten schlingt und unter einem Turban verstaut, ist bei den Sikhs im indischen Punjab Aufgabe der Väter.

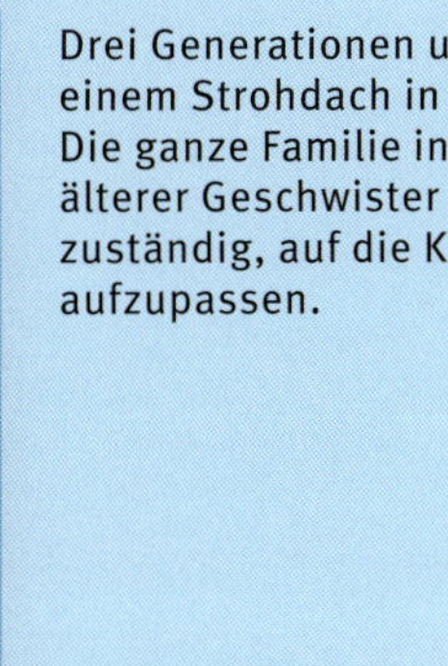

Drei Generationen unter einem Strohdach in Panama. Die ganze Familie inklusive älterer Geschwister ist dafür zuständig, auf die Kleinsten aufzupassen.

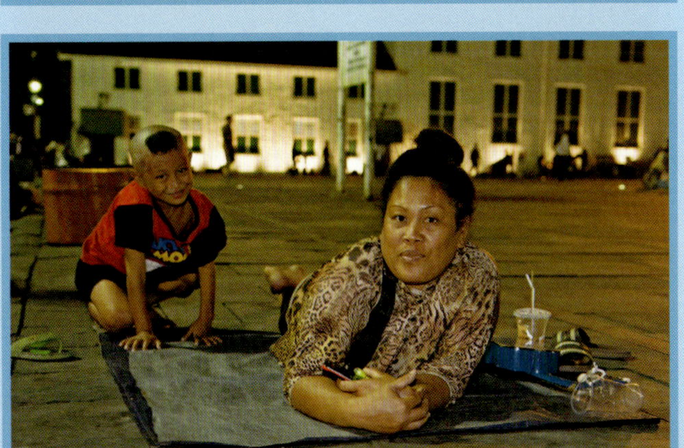

Jeden Abend kommt diese indonesische Mutter in Jakarta auf den Medan Merdeka, um dort als fliegende Händlerin Erfrischungen zu verkaufen. Während sie arbeitet, spielen ihre Kinder auf dem autofreien Platz Fangen.

Die Welt zu entdecken braucht Zeit

Wenn die Kinder aus den Windeln sind, wird manches unkomplizierter. Dafür entwickeln sie eigene Interessen, und dem unterwegs Rechnung zu tragen, braucht vor allem eines: Zeit. Tim interessierte sich von Anfang an für Tiere und ganz besonders für Fische. Deshalb haben wir viele lange Ausflüge zu Fischern und Fischmärkten gemacht. Womöglich sprechen die Marktfrauen in Panama City heute noch über diesen kleinen Jungen, der akribisch jeden einzelnen Fisch fotografierte und wissen wollte, wie die verschiedenen Arten heißen.

Wir sind in solchen Momenten als Eltern nur Statisten, die hinterherlaufen und aufpassen, dass Tim im Marktgetümmel nicht verloren geht. Was könnte man in dieser Zeit nicht alles Sinnvolles tun? Wir haben gewiss vielen großartigen Museen Unrecht getan, indem wir unsere freie Zeit hauptsächlich auf Fischmärkten, bei einem Schuster und mit einer alten Dame, die sich um herrenlose Katzen kümmert, verbrachten. Oder auch einfach auf Spielplätzen. Doch diese Entschleunigung ist ein ungeheurer Gewinn, denn so lernen wir Städte völlig anders kennen und entdecken viele Details, die uns sonst verborgen blieben. Ein Land und seine Bewohner durch die Augen seines Kindes zu sehen, ist eine der schönsten Erfahrungen beim Weltreisen mit Kind.

Obwohl Tim ein bisschen ängstlich war, wollte er doch, dass ihn der Sadhu im indischen Rishikesh segnet.

Für eine ARD-Reportage über die Folgen des Klimawandels mussten wir in Bangladesch erst einmal 18 Stunden lang mit einer Fähre Richtung Golf von Bengalen fahren.

Im Hafen von Dhaka vom Oberdeck aus die voll besetzten Boote zu beobachten war besser als jedes Wimmelbuch.

Viele Bangladeschis haben noch nie einen Europäer gesehen und starren die Fremden oft buchstäblich mit offenem Mund an. Für einige Passagiere waren wir eine so große Attraktion, dass wir selbst durch das Fenster unserer Kabine fotografiert wurden.

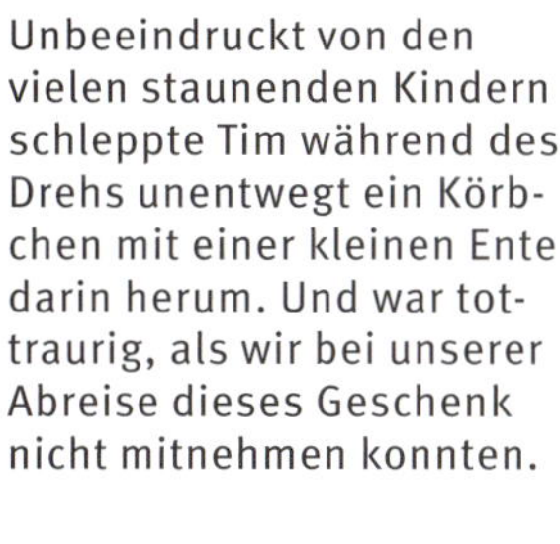

Unbeeindruckt von den vielen staunenden Kindern schleppte Tim während des Drehs unentwegt ein Körbchen mit einer kleinen Ente darin herum. Und war tottraurig, als wir bei unserer Abreise dieses Geschenk nicht mitnehmen konnten.

জ্বলে উঠুন
আপন শক্তিতে
রবি
নিষেধ

Linke Seite:
Mitten im Hafengewimmel von Dhaka trafen wir auf ein niederländisches Paar, das uns erst ungläubig anschaute und dann über beide Backen strahlte, als es sah, dass man auch mit Kind noch auf Abenteuertour gehen kann.

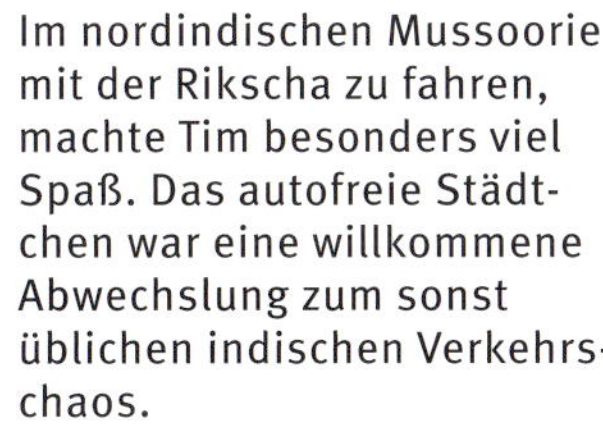

Im nordindischen Mussoorie mit der Rikscha zu fahren, machte Tim besonders viel Spaß. Das autofreie Städtchen war eine willkommene Abwechslung zum sonst üblichen indischen Verkehrschaos.

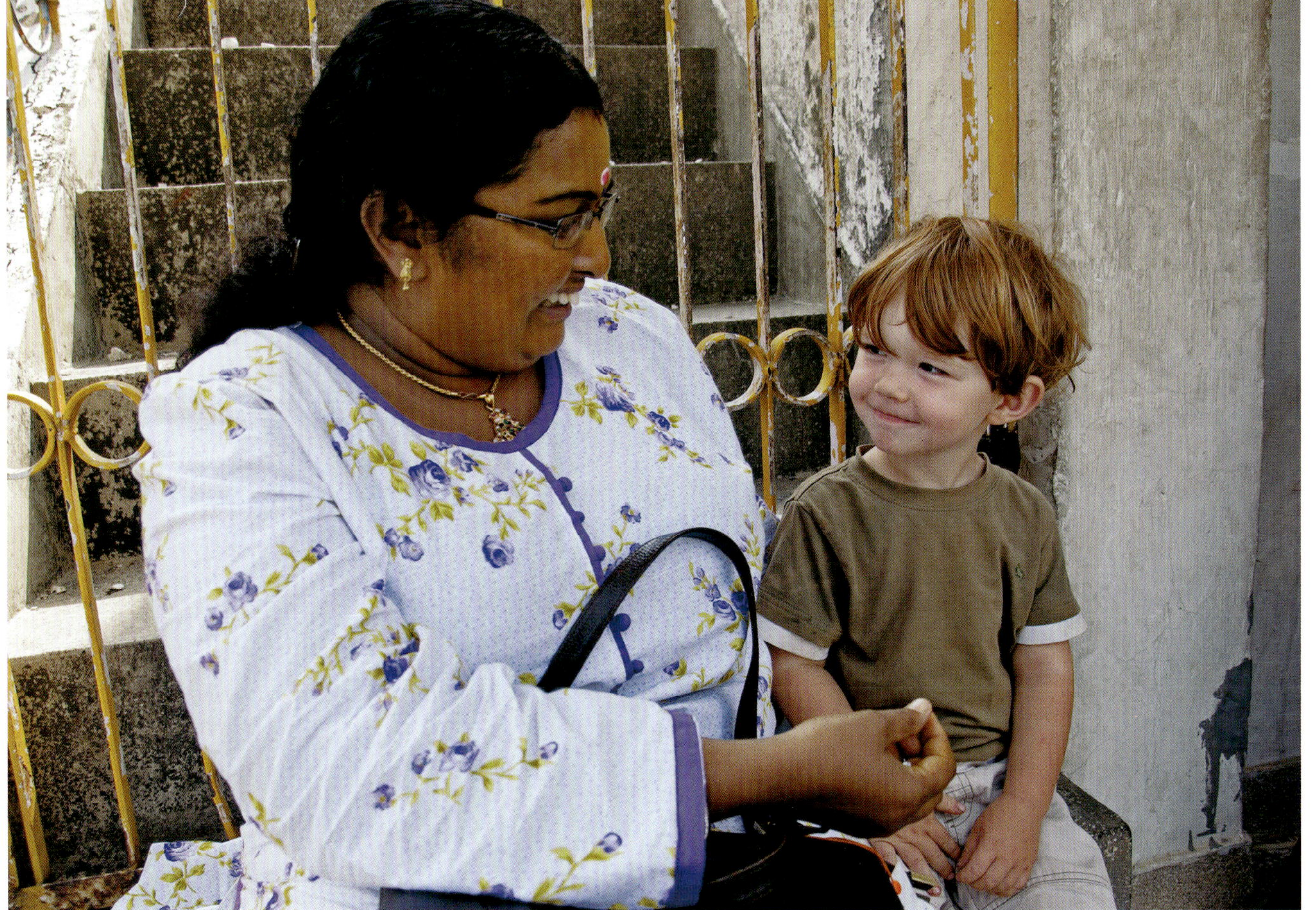

Mit zweieinhalb Jahren hatte Tim begriffen, dass er durchaus eine Gegenleistung für das Privileg eines Fotos herausschlagen kann. Diese Dame war mit einer Tempelsüßigkeit erfolgreich.

Die ältesten Tempel des südindischen Hampi stammen aus dem 14. Jahrhundert. Sie liegen weiter verstreut zwischen Felshügeln und schon ohne Kind braucht man einige Tage, um das Areal zur Gänze zu erkunden.

Mit Tim beschränkten wir uns auf einige wenige Hauptsehenswürdigkeiten der UNESCO-Weltkulturerbestätte und planten viel Zeit für die Besichtigung ein. Alles andere wäre nur unnötiger Stress gewesen.

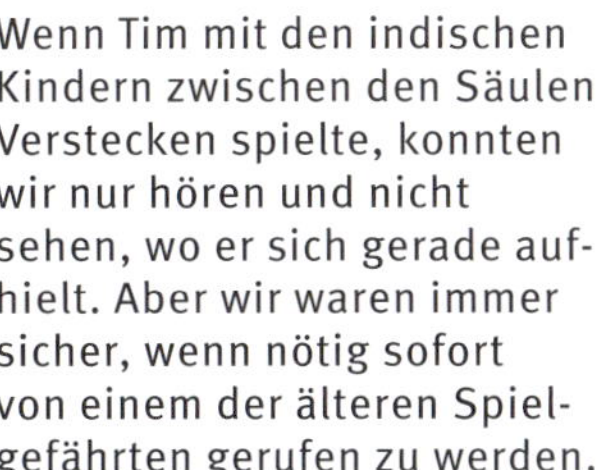

Wenn Tim mit den indischen Kindern zwischen den Säulen Verstecken spielte, konnten wir nur hören und nicht sehen, wo er sich gerade aufhielt. Aber wir waren immer sicher, wenn nötig sofort von einem der älteren Spielgefährten gerufen zu werden.

Morgens am Flussufer dabei zuzusehen, wie der Tempelelefant gewaschen wird, war ein besonderes Erlebnis – obwohl Tim nicht mitschrubben durfte.

Wenn in Indien Feste gefeiert werden, geht es immer besonders laut und bunt zu. Tim waren die zum Lichterfest Diwali mit Masken verkleideten Kinder in Goa ziemlich unheimlich.

Beim Frühlingsfest Holi geraten die Farbschlachten oft außer Kontrolle. Wir verbringen es möglichst in kleinen Orten, doch selbst in Rishikesh waren Tim die bunten Feierlichkeiten zu viel, sodass wir nach einem kurzen Ausflug beschlossen, besser im Hotel zu bleiben.

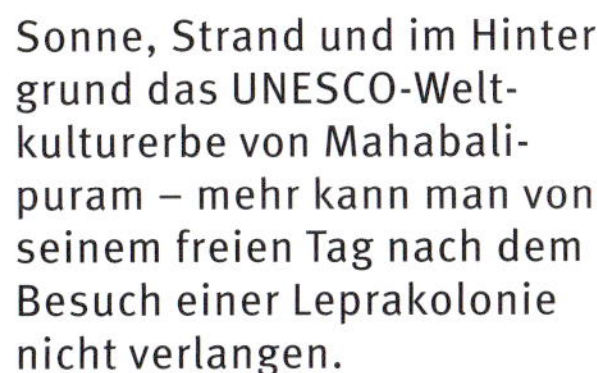

Sonne, Strand und im Hintergrund das UNESCO-Weltkulturerbe von Mahabalipuram – mehr kann man von seinem freien Tag nach dem Besuch einer Leprakolonie nicht verlangen.

Kaum ein indischer Fahrer konnte Nein sagen, wenn Tim fragte, ob er vorne bei ihm sitzen und lenken darf. Manche drehten eigens für ihn eine Extrarunde.

Seite 70/71:
Es mag Einbildung gewesen sein, aber irgendwie hatte der heilige Fluss Ganges in Rishikesh auch auf uns eine beruhigende Wirkung. Tims Lieblingsgott ist Krishna.

सच्चा धाम

Besichtigungen – weniger ist mehr

Auch, wenn wir mit Tim unterwegs viel Zeit auf Spielplätzen und Fischmärkten verbringen, ist es durchaus nicht so, dass wir Museen und Sehenswürdigkeiten auslassen würden. Es darf nur nicht zu viel sein.

Unsere erste Faustregel ist, dass wir pro Tag nur ein Besichtigungsziel fest einplanen und uns viel Zeit lassen. Als Tim drei Jahre alt war, waren wir stundenlang in dem indischen UNESCO-Weltkulturerbe Hampi unterwegs und haben doch längst nicht jedes einzelne, von Reiseführern als wichtig beschriebene Bauwerk gesehen. Dafür spielte Tim mit indischen Kindern Verstecken zwischen den Säulen, bewunderte ausgiebig den Tempelelefanten und ließ sich von den Tempelaffen seine Kekse klauen. Weil Zeit und Raum für eingehende Betrachtungen war, hat sich trotz all des Spaßes eines der Heiligtümer fest in sein Gedächtnis gebrannt: eine in einer dämmrigen Höhle versteckt liegende, aus einem einzigen gigantischen Felsblock erschaffene Statue von Ganesha. Die Mystik dieses geheimnisvollen Ortes hat Tim so beeindruckt, dass sich Monate später im Garten seiner Großmutter folgender Dialog entspann: „Oma, hast Du die Blumen gemacht?" „Nein, die hat der liebe Gott wachsen lassen." „Der Elefantengott?"

Die Jesuitenreduktionen von Paraguay sind ideal für Besichtigungen mit kleinem Kind: Man kann in den Ruinen herumstöbern und zwischendurch auf Bäume klettern.

Rechts:
Beim Besuch der Ruinenstadt Caral in Nordperu war Tim noch so klein, dass es ihm egal war, was es zu sehen gab.

Geschichten und Legenden

Um wirklich ausreichend Zeit für Entdeckungen und Begegnungen zu haben, verzichten wir grundsätzlich auf Fremdenführer, die nicht nur in einem bestimmten Zeitrahmen die einzelnen Sehenswürdigkeiten zeigen wollen, sondern auch zu viele geballte Informationen geben, die für Tim in dieser Masse nicht zu verarbeiten und damit langweilig sind. Jahreszahlen sind für ein Kind ohnehin nur Schall und Rauch. Besser ist es, sich aus einem guten Reiseführer ein paar markante Details herauszusuchen und diese vor Ort zu erzählen. Tim liebt besonders Legenden, die sich um einzelne Bauwerke oder Personen ranken und hat dafür ein erstaunlich gutes Gedächtnis. Zum Beispiel für ein reichlich asymmetrisches Haus in Moskau – angeblich hatte es der Architekt nicht gewagt, Lenin zu widersprechen, als dieser den unfertigen Entwurf für gut befunden hatte.

Rahmenprogramm

Die zweite Faustregel ist, dass wir möglichst unterschiedliche Besichtigungsziele wählen. Perfekt zusammengefügte Inkamauern und die Tatsache, dass sie ohne Kenntnis des Rades erschaffen wurden, sind auch für ein Kind

beeindruckend und interessant. Doch spätestens bei der dritten Inkaruine verschwimmen die Ausgrabungsstätten miteinander. Besser ist es, stattdessen in einem Museum Alltagsgegenstände zu betrachten und sich in aller Ausführlichkeit Gedanken darüber zu machen, wie die Menschen früher lebten.

Oft ist das, was vor den Museen, Mausoleen oder Ruinen zu entdecken ist, fast spannender, als die Sehenswürdigkeit selber. Da brutzeln marinierte Hühnerköpfe in Garküchen, Schuhputzer polieren im Schatten von Denkmälern, Heiligenfiguren werden vor Kirchen und Tempeln angeboten und Schlangenbeschwörer locken Kobras aus ihren Körbchen. Das alles will betrachtet werden und wirft Fragen auf und so brauchen wir manchmal für das „Rahmenprogramm" fast mehr Zeit als für die eigentliche Besichtigung.

Vor diesem Relief in Hampi überlegten wir gemeinsam, wie alt wohl ein Elefant dieser Größe sein muss.

Der Friedhof La Recoleta in Buenos Aires ist autofreie Zone und bietet Versteck- und Klettermöglichkeiten. Damit ist er ein ziemlich gutes Familienausflugsziel.

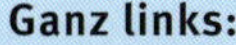

Ganz links:
Im südindischen Mahabalipuram war Tim für viele Inder eine größere Attraktion als die UNESCO-Weltkulturerbestätte selber.

In Delhi verbrachten wir fast mehr Zeit bei dem Schlangenbeschwörer, der sich vor dem Eisenbahnmuseum postiert hatte, als im Museum selber.

Kleiner ist manchmal besser. An den beschaulichen Wasserfällen Las Cuevas bei Samaipata in Bolivien hatte Tim mehr Spaß als einige Tage später in Foz de Iguazu.

Linke Seite:
Die gigantischen Wasserfälle von Foz de Iguazu an der argentinisch-brasilianischen Grenze gelten als eines der Weltnaturwunder und sind äußerst beeindruckend.

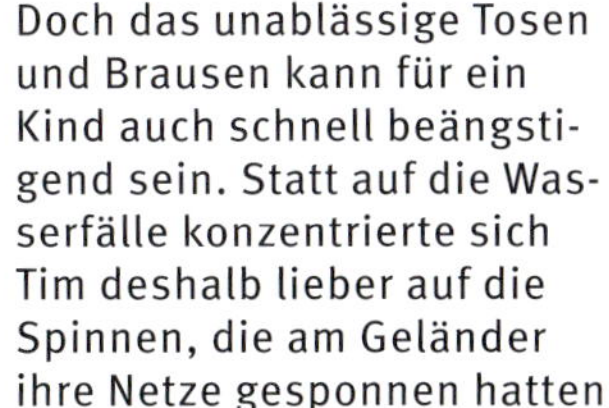

Doch das unablässige Tosen und Brausen kann für ein Kind auch schnell beängstigend sein. Statt auf die Wasserfälle konzentrierte sich Tim deshalb lieber auf die Spinnen, die am Geländer ihre Netze gesponnen hatten.

Selbst bei der Bootsfahrt konnte sich Tim nicht so ganz entspannen … Foz de Iguazu ist ihm bis heute in Erinnerung geblieben und ihn mit Wasserfällen zu beeindrucken hat sich seither als schwierig erwiesen.

Ein Platz zum Spielen

„Wo ist denn der nächste Spielplatz?" Tim und ich stehen vor der Rezeption unseres Hotels in Delhi. Unser Sohn braucht ganz dringend Bewegung. Von der anderen Seite des Tresens begegnen uns ratlose Blicke. „A Playground?" – ganz klar ein Anliegen mit dem hier bislang noch niemand konfrontiert wurde. Nach einer Weile wird aber doch noch jemand gefunden, der Antwort weiß: „Irgendwo am India Gate, 20 Taxi-Minuten entfernt."

Die Leiterin der indischen Kinderrechtsorganisation Butterflies wundert das wenig. In einer Erhebung hat sie festgestellt, dass fast die Hälfte aller Kinder in Delhi keinen Zugang zu Parks oder Spielplätzen hat. Spielplatzdichte und Zustand der Spielgeräte verraten überall auf der Welt viel über den Entwicklungsstand eines Landes. Wenn die Stadtkassen leer und die Planer vor allem damit beschäftigt sind, Lösungen für den lawinenartig wachsenden Verkehr zu finden, stehen Spielplätze auf der Dringlichkeitsliste ganz unten. Außerdem ist innerstädtischer Baugrund in den Metropolen teuer, weshalb unbebaute Flächen als Luxus gelten. Leider sind nicht selten Fastfoodketten weit und breit der einzige Ort, an dem es ein Klettergerüst oder eine Rutsche gibt.

Zentrum des lokalen Familienlebens

Hat man jedoch einen guten Spielplatz entdeckt, dann ist man augenblicklich im Zentrum des lokalen Familienlebens angekommen. Der Spielplatz am India Gate ist so ein Ort. Er ist weitläufig, sauber, eingezäunt und durch Pförtner und Security gesichert. Es wird streng darauf geachtet, dass nur Eltern oder Kindermädchen mit ihren Schützlingen hier herkommen. Etwas gewöhnungsbedürftig ist er für europäische Maßstäbe trotzdem: Die Wippe knallt ungefedert auf den Boden, in einer Rutsche gähnen rostige Löcher. Dennoch ist er gut besucht. Vormittags tummeln sich hier unter der Woche vor allem Kindergartengruppen und Grundschulklassen, denen der Spielplatz das fehlende Außengelände ersetzen muss.

Rechts:
Im dicht besiedelten Bahnhofsviertel von Delhi ist diese Fläche das, was einem Spielplatz noch am nächsten kommt.

Rechts:
Dieses schrottreife aber tatsächlich noch fahrende Auto war bei den Kakaobauern in Peru Tims liebster Spielort.

Am Nachmittag und an den Wochenenden wird der Platz dann zum Ausflugsziel für Großfamilien der Mittelschicht. Picknickdecken werden ausgebreitet und Krickettore aufgestellt. Mitten in diesem Gewusel kommt sich Tim erst einmal verloren vor. Aber es dauert nicht lange, bis ein indischer Vater Tim zeigt, wie man einen Kricketschläger hält und eine Mutter darüber staunt, dass ihm ihr Dip

Um Spaß zu haben, braucht man keine teuren Spielsachen. Diesen philippinischen Kindern reicht eine Plastiktüte als Drachen.

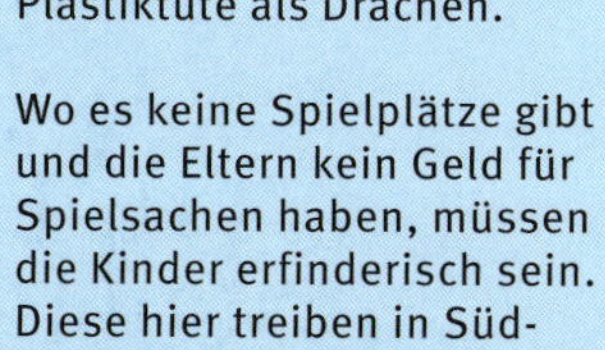

Wo es keine Spielplätze gibt und die Eltern kein Geld für Spielsachen haben, müssen die Kinder erfinderisch sein. Diese hier treiben in Südafrika mit Stöcken Reifen vor sich her.

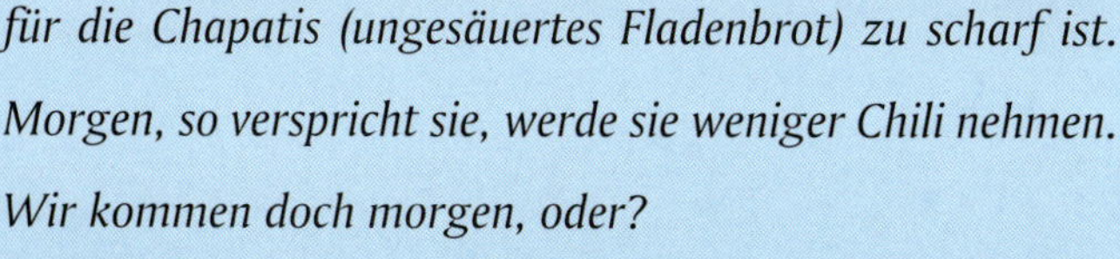

für die Chapatis (ungesäuertes Fladenbrot) zu scharf ist. Morgen, so verspricht sie, werde sie weniger Chili nehmen. Wir kommen doch morgen, oder?

Die wirklich Reichen lassen sich hier nur selten blicken: Sie ziehen die Ruhe ihrer weitläufigen Gärten und Countryclubs vor. Auch die Armen findet man hier nicht, die Zeit und das Geld, um den weiten Weg quer durch die Stadt zu einem richtigen Spielplatz anzutreten, können sie höchstens einmal an Festtagen erübrigen. Ihre Kinder finden in den engen Gassen ihrer Viertel, durch die Mopedfahrer im halsbrecherischen Tempo rasen, keinen sicheren Platz zum Spielen und verbringen die meiste Zeit vor dem Fernseher.

Politikum Spielplatz

Die von Misereor unterstützte Organisation Butterflies macht aus dem Mangel an Spielplätzen und dem schlechten Zustand der Spielgeräte in Delhi ein Politikum. Sie verwies auf die UN-Kinderrechtskonvention, nach der jedes Kind ein Recht darauf hat, zu spielen. Butterflies erreichte, dass die gut ausgestatteten Privatschulen dazu verpflichtet wurden, ihre Schulhöfe nachmittags für die Allgemeinheit zu öffnen. Ein Anfang.

In Deutschland bedauert Tim manchmal, dass auf den Spielplätzen keine echten Boote sondern nur Nachbauten stehen.

Beim Spielen ist vor allem eines wichtig: Autofreiheit. Diese Bedingung erfüllt das UNESCO-Weltkulturerbe von Patan in Nepal perfekt und ist deshalb nach Schulschluss voller Kinder.

Eine Fahrt mit dem Hausboot auf den Backwaters von Kerala ist eine ausgezeichnete Möglichkeit, um für ein paar Tage dem indischen Trubel der Menschenmassen zu entkommen.

Weil Tim die meiste Zeit der Fahrt auf dem Schoß des Kapitäns verbrachte, war die Tour auch für uns eine echte Erholung.

Die Fischer von Kochi ließen Tim jeden Abend bereitwillig dabei mithelfen, die riesigen Netze aus dem Wasser zu ziehen. Dazu werden mindestens vier Männer benötigt.

Die Fischernetze, die an einer schweren Holzkonstruktion hängen, wurden ursprünglich im 13. Jahrhundert durch chinesische Kaufleute aus China eingeführt.

Seite 80/81:
Entspannter als auf dem Hausboot in Kerala kann man Indien einfach nicht erleben. Solche Auszeiten, bei denen man ein paar Tage lang wenig tut und sieht, sind für Tim wichtig, um die vielen Eindrücke zu verarbeiten.

vodafone

Begegnung mit Armut

Auf unseren Reisen ist Tim oft mit bitterster Armut konfrontiert. Das liegt natürlich zum einen an unserem Job, wir recherchieren oft direkt für Hilfsorganisationen oder berichten über Themen, die sich nun mal in Slums abspielen. Aber auch wer „nur einfach so" durch Entwicklungsländer reist, muss den Anblick von Elend immer wieder aushalten können. Das ist oft für Erwachsene schon schwierig – und für Kinder erst recht.

Rechts:
Natürlich hoffte diese Bettlerin in Rishikesh auf eine Spende, aber noch wichtiger war es ihr, mit dem kleinen weißen Jungen zu schäkern.

Kleingeld und Grossgeld

Für Tim war es schon sehr früh wichtig, das Gefühl zu haben, wenigstens ein bisschen helfen zu können. Die Bettler vor unserem Hotel in Delhi wussten schnell, dass dieser kleine Junge immer ein paar Münzen für sie hatte. Als ich irgendwann mal meinte: „Wir haben all unser Kleingeld schon verteilt", war die lapidare Antwort: „Dann geben wir halt Großgeld."

Nicht nur in Indien, aber dort besonders oft, begegnen wir immer wieder bitterer Armut. Tim hat gelernt, sich davon abzugrenzen und trotzdem mitzufühlen.

Jetzt, wo Tim etwas älter ist, haben wir feste Regeln aufgestellt, die für ihn verständlich und nachvollziehbar sind. Wir geben grundsätzlich Kindern und Erwachsenen, die mit Kindern betteln, kein Geld, womöglich aber etwas zu Essen. Damit folgen wir der klaren Empfehlung sämtlicher Kinderhilfsorganisationen, denn wenn Kinder mit Betteln gut verdienen, schicken ihre Eltern sie nicht in die Schule. Auch Erwachsene, die arbeiten könnten, bekommen nichts. Anders sieht es bei Alten und Behinderten aus, die keine Möglichkeit haben, Geld zu verdienen. Für sie legen wir in jedem Land einen Spendenbetrag fest und sehen zu, diesen immer zur Hand zu haben. Tim ist dabei sehr gewissenhaft und wechselt sogar manchmal größere Scheine am nächsten Teestand ein, um wirklich jedem Greis etwas geben zu können.

Wenn wir länger an einem Ort sind, kommt es auch vor, dass Tim richtiggehend Freundschaft mit den Familien schließt, die auf dem Bürgersteig vor dem Hotel campieren. In Manila wohnte zum Beispiel eine Mutter mit ihren zwei Töchtern am Straßenrand in einem Tricycle, also einem Fahrrad mit Beiwagen. Es war Tims Idee, seine Spielsachen und T-Shirts durchzuschauen und alles zu verschenken, was er nicht mehr brauchte. Und es war eine wichtige Erfahrung zu sehen, wie sehr sich die Mutter und die Mädchen darüber freuten – obwohl es doch eigentlich Sachen für Jungs waren.

Bereitschaft zu teilen

Für Tim als großen Tierfreund ist auch der Anblick hungernder Katzen und Hunde schwer zu ertragen. Deshalb

nehmen wir grundsätzlich alle Essensreste im Restaurant mit und verteilen sie an die Tiere. Manchmal haben wir einen Vorrat an Trockenfutter in der Tasche.

Obwohl wir es richtig finden, dass Tim begreift, wie gut es ihm geht, achten wir sehr darauf, dass er deshalb kein schlechtes Gewissen bekommt. Er hat sein Leben und seine Bedürfnisse, die nun mal durch unser Umfeld in Deutschland geprägt werden, und wir wollen auf keinen Fall, dass er sich im Vergleich zu seinen Klassenkameraden benachteiligt fühlt, weil es anderswo auf der Welt Kindern schlecht geht. Aber es ist schön zu sehen, wie ihm die Begegnung mit der Armut die Augen dafür öffnet, wie privilegiert er ist, und dass er bereit ist zu teilen.

Bei einer Reportage für das Deutschlandradio über Straßenkinder in Delhi erlebte Tim Jungs, die, kaum älter als er, ohne Eltern zurechtkommen müssen.

Die Müllsammler leben in den Slums von Kalkutta tatsächlich zwischen dem wiederverwertbaren Abfall, den sie an Recycler verkaufen.

Ganz links:
In Kalkutta begleiteten wir Mitarbeiter der Organisation „Ärzte für die Dritte Welt“ bei Hausbesuchen in den völlig überfüllten Slums.

In den schlecht gebauten, feuchten Häusern leben im Schnitt acht Menschen ohne Frischluft und Tageslicht in einem Zimmer von zehn Quadratmetern.

In Indien halten wir für alte und behinderte Bettler stets ein Bündel mit Scheinen zu zehn Rupien bereit. Kinder bekommen grundsätzlich nichts, weil ihre Eltern sie zum Betteln anstatt zur Schule schicken, wenn sie damit etwas verdienen.

Oben:
Für Kakadu, der Kindersendung des Deutschlandradios, gingen wir am Kanal der Frage „Wie schön ist Panama wirklich?“ nach. Tims Vergleiche zwischen Buch und Wirklichkeit wurden Teil des Radiostücks.

Rechts:
Im Simulator des Besucherzentrums an den Miraflores-Schleusen wurde Tim schnell klar, dass der Kanal nicht ganz dasselbe ist wie der Fluss, auf dem der kleine Bär und der kleine Tiger mit ihrem Ruderboot unterwegs sind.

Links:
Ganz nebenbei lernte Tim bei dieser Reise, wie so eine Schleuse funktioniert und welchen Umweg die Seefahrer vor dem Bau des Kanals auf sich nehmen mussten.

In der schier unendlichen Weite des Altiplano, der Hochebene im Südwesten Boliviens, kam sich Tim ein wenig verloren vor.

Um unser Ziel, Bauern, die in dieser unwirtlichen Gegend von Quinoaanbau und Lamazucht leben, zu erreichen, waren wir viele Stunden unterwegs.

Ganz links:
Während wir die Bauern interviewten, musste sich Tim alleine beschäftigen. Er baute erst aus Schrott eine Murmelbahn und spielte dann mit einem der kleinen Hunde.

Links:
Dem Fahrer beim Wechseln des platten Reifens helfen zu dürfen, war eine willkommene Abwechslung.

Ganz links:
Das junge Lama mit der Flasche füttern zu dürfen war eine unverhoffte und verdiente Belohnung nach so viel Geduld und Warterei.

Links:
Weil Tim so viel Spaß am Lamafüttern hatte, ließ Doña Lydia an diesem Tag eine Extraportion für die beiden Waisenkinder springen, die sie mit der Flasche großzieht.

REINA
DE ENIN

Linke Seite:
Das Amazonasgebiet Boliviens lässt sich am besten vom Wasser aus erkunden. Der zu dem Hotelschiff „Reina de Enin“ umgebaute Hängemattendampfer ist dafür ideal.

Anders als auf einem klassischen Kreuzfahrtschiff dürfen selbst kleine Passagiere hier auf geraden Strecken manchmal sogar selber das Steuer vom Flusskapitän übernehmen.

Die Kabinen auf der „Reina“ sind zwar eher bescheiden, doch um sich von den vielen Eindrücken und Abenteuern zu erholen, reichen sie allemal.

Essen auf Reisen

Neue Küchen und Gerichte kennenzulernen, das ist ein wesentlicher Bestandteil des Reisens – auch für Kinder. Tim probiert sich auf jeder Reise aufs Neue durch die schier endlose Vielfalt tropischer Früchte und wir haben großen Spaß daran zuzuschauen, wie in den Garküchen die unterschiedlichsten Gerichte direkt vor unseren Augen zubereitet werden. Ehrlicherweise sei zugegeben, dass wir nicht alles probieren. Vor allem auf den Philippinen haben wir häufiger gekniffen: angebrütete Hühnereier, geröstete Fledermaus oder Schlange, nein, das musste dann doch nicht sein. Wenn Tim jemanden gruseln will, berichtet er aber noch immer gerne genussvoll von diesen Spezialitäten – und ärgert sich ein wenig darüber, nicht erzählen zu können, er habe das schon mal gegessen. Doch die meisten Gerichte basieren auf Reis, Nudeln oder Kartoffeln und man kann in jedem Restaurant darum bitten, sie weniger scharf zu würzen. Wobei „weniger scharf" womöglich interpretationsbedürftig ist …

Rechts:
Unsere Gastgeberin in Panama war ziemlich begeistert von ihrer Küchenhilfe und sagte, es wäre vielleicht eine gute Idee, wenn künftig nicht nur ihre Töchter, sondern auch ihre Söhne beim Kochen helfen würden.

Wie in vielen Ländern der Welt wird auch in Indonesien hauptsächlich mit der Hand gegessen. Tim hat das natürlich sofort selber ausprobiert.

Manchmal soll es aber auch einfach so schmecken wie zu Hause. In größeren Städten findet sich mit etwas Mühe fast immer ein Supermarkt, der zu sündhaft teuren Preisen Importwaren wie Brot, Käse und Schinken anbietet. Und der Besuch einer westlichen Fastfoodkette kann nach einigen Wochen des Reisens ein echter Höhepunkt sein.

Rechts:
Es braucht keine voll ausgerüstete Küche, um für eine große Familie kochen zu können, stellte Tim bei Bauern in Peru fest.

Gerösteter Hühnerdarm am Spieß. Manche der Gerichte, die in den philippinischen Garküchen angeboten werden, sind gewöhnungsbedürftig.

Mit Maiskolben kann man rund um den Globus wenig falsch machen. Dieser hier wurde am Straßenrand des indischen Städtchens Mussoorie geröstet.

Die Auswahl exotischer und sehr süßer Nachspeisen ist in diesem Laden im indischen Mussoorie gigantisch groß und ausgesprochen köstlich.

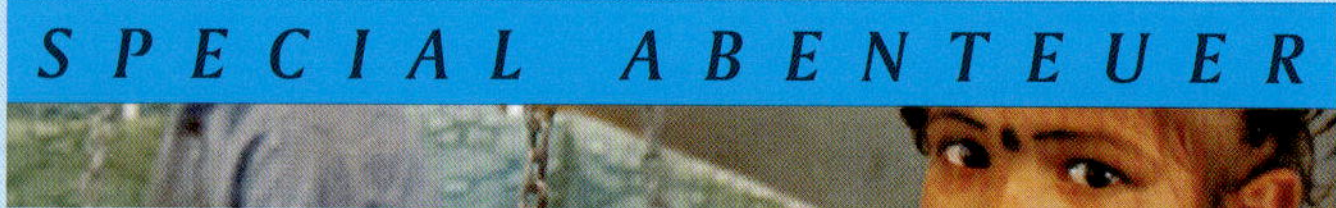

Blick über den Tellerrand: Kinderrechte in aller Welt

Rechts oben:
Während ihre Mütter auf der Teeplantage in den südindischen Nilgiris arbeiten, werden die Kinder in einer Krippe betreut.

Rechts unten:
Auch eine panamaische Mutter braucht mal beide Hände frei und setzt ihr Kind dann in einen Laufstall. Dieser ist weder TÜV-geprüft noch splitterfrei.

Kleine Bilder ganz rechts, im Uhrzeigersinn:
Spanisch ist für Veronica aus dem mexikanischen Chiapas eine Fremdsprache. Daheim spricht sie mit ihrer Familie die indigene Sprache Tzotzil.

Hausaufgaben müssen auch von den Kindern mexikanischer Kaffeebauern in Chiapas gemacht werden.

Schulschluss in Südafrika. Die Freude darüber, nach dem Lernen spielen zu dürfen, ist überall auf der Welt gleich groß.

Im Buddhismus entscheiden sich manche Kinder schon im Alter von elf Jahren dazu, Mönch zu werden.

Tanzstunde ohne Musik. Weil das Geld für eine Anlage fehlt, üben diese Kinder den Walzer zum „Eins, zwei, drei" ihres Tanzlehrers – und gewinnen trotzdem Wettbewerbe.

Etwa ein Drittel aller Menschen sind Kinder, die meisten Kinder leben in Afrika und Asien. Alle Kinder haben Rechte, die in der UN-Kinderrechtskonvention festgelegt sind. Das Recht auf Leben und persönliche Entwicklung stehen ganz oben, daneben die Erfüllung von Grundbedürfnissen wie Nahrung, Kleidung, Bildung und Gesundheitsversorgung. Sie haben das Recht, gehört zu werden und ihre Meinung zu sagen. Und es gibt auch das Recht auf Spielen und elterliche Fürsorge.

UN-Konvention hin oder her, die Rechte vieler Kinder werden nicht erfüllt. Ein afrikanisches Kind erlebt mit einer fast zehnmal höheren Wahrscheinlichkeit als ein europäisches Kind seinen fünften Geburtstag nicht. In Asien führt Mangelernährung dazu, dass jedes dritte Kind sein körperliches oder geistiges Potenzial nicht entfalten kann. Wir erleben bei unseren Recherchen immer wieder, dass zwischen Kinderrechten abgewogen werden muss. In Panama wurde das in einer Aufpäppelstation für unterernährte Kleinkinder sehr deutlich. Was ist schlimmer: wegen Mangelernährung ein Leben lang schwach zu bleiben oder gar zu sterben, oder in der wichtigsten Prägungsphase über viele Monate von seinen Eltern getrennt zu werden? Manchmal ist es unmöglich, auf solche Fragen befriedigende Antworten zu finden.

Es gibt viele Organisationen, die sich für die Rechte von Kindern einsetzen. Eine davon sei hier erwähnt: Die von der Kindernothilfe (www.kindernothilfe.de) rund um den Globus unterstützten Projekte beeindrucken und überzeugen uns immer wieder.

Die Welt als Klassenzimmer

„Und die Schule? Wie macht ihr das dann mit der Schule?" Diese Frage wurde uns das erste Mal gestellt, als Tim zwei Jahre alt war. Und natürlich haben auch wir uns viele Gedanken darüber gemacht. Würde einfach alles vorbei sein, sobald Tim in die erste Klasse kommt? In Deutschland gilt – anders übrigens als in vielen anderen europäischen Ländern – schließlich die Schulpflicht.

Weil wir beruflich unterwegs sind, bekommen wir davon eine Ausnahme – wir sind ganz offiziell als „Beruflich Reisende" eingestuft und fallen damit in dieselbe Kategorie wie Zirkusleute und Schausteller. Doch auch so sehen viele Grundschulen, was für ein Gewinn Weltreisen für Kinder sein können. Wir kennen eine ganze Reihe von Familien, die nicht beruflich unterwegs sind, und trotzdem während der Schulzeit reisen dürfen. Wie sonst könnte ein Kind besser Geografie lernen, verschiedene Religionen erfahren, begreifen, dass und warum es Zeitverschiebungen und unterschiedliches Klima gibt oder in eine andere Sprache eintauchen? Rechnen, Lesen und Schreiben muss man natürlich trotzdem üben, sonst gibt es die Erlaubnis zum „Heimunterricht" kein zweites Mal. Aber wenn das gut klappt, sind viele Schulen offen für diesen ganz besonderen Unterricht.

Auf den Philippinen war Tim als großer Freund von allem, was mit dem Meer zu tun hat, ganz in seinem Element.

Während wir auf der philippinischen Zuckerinsel Negros mit den Bauern die Details für den Dreh besprachen, hatte Tim hinter der Hütte schon eine Beschäftigung gefunden: Wasser pumpen.

Wie lebt es sich in einer Hütte, die kaum größer ist als eine deutsche Gartenlaube? Gar nicht so schlecht, fand Tim. Denn selbst in der größten Hitze streicht durch die geflochtenen Wände immer ein kühler Windhauch.

Lachende Gesichter trotz Schufterei in brütend schwüler Hitze. Diese Bäuerin pflanzt auf dem abgeernteten Zuckerrohrfeld neue Setzlinge.

Ganz links:
Zuckerrohrernte ist knochenharte Arbeit. Das spiegelt sich auch in einem philippinischen Sprichwort: Zucker ist süß für die, die ihn essen, süßer für jene, die daran verdienen und bitter für die, die ihn produzieren.

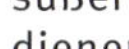

Links:
Interview mit kuschelndem Kind auf dem Schoß? Kein Problem, im Gegenteil: dass wir Tim dabeihatten, machte uns für die Bauern menschlicher und nahbarer.

Ganz links:
Mit aus Autoschläuchen selbstgebastelten Zwillen um die Wette schießen geht auch ohne viele Worte. Anfangs hatten die Bauern nicht geglaubt, dass wir Tim mit ihren Kindern spielen lassen würden und waren stolz, dass wir es doch taten.

Links:
Frisch geerntetes Zuckerrohr ist bei den Kindern eine beliebte Zwischenmahlzeit. Tim hat das auch geschmeckt.

Linke Seite:
Versteckter Strand auf der winzigen Insel Tamboran. Nach den Dreharbeiten für die ARD war das für die ganze Familie eine willkommene Abwechslung.

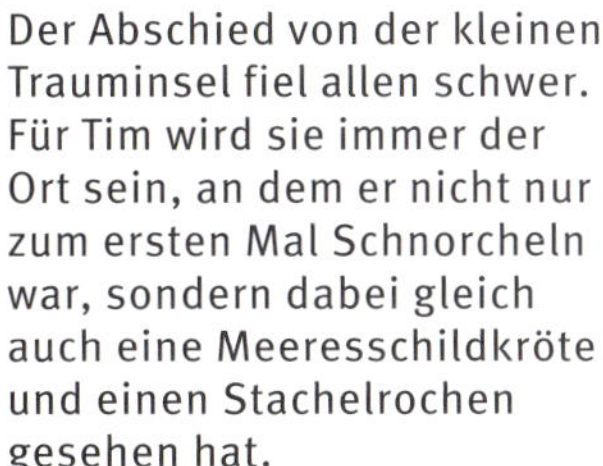

Der Abschied von der kleinen Trauminsel fiel allen schwer. Für Tim wird sie immer der Ort sein, an dem er nicht nur zum ersten Mal Schnorcheln war, sondern dabei gleich auch eine Meeresschildkröte und einen Stachelrochen gesehen hat.

Während wir einen Tilapiazüchter zu den Umweltproblemen der intensiven Fischhaltung befragten, fing Tim mit dessen Kindern ein paar Exemplare aus den Schwimmkäfigen. Mit seinen sechs Jahren war Tim größer als der Elfjährige, der nie ausreichend ernährt worden war.

Seite 100/101:
Weil die Philippinen ein Inselreich sind, gehören hier Boote zu den wichtigsten Verkehrsmitteln. Es ist gewöhnungsbedürftig, dass manchmal schon bei der Abfahrt ein Mann zum Ausschöpfen der Bilge abkommandiert wird.

FREUNDSCHAFTEN

Rechts:
„Paul und ich kennen uns schon seit immer und ewig" sagt Tim über seinen Freund, dessen Mutter in Goa ein Strandhüttenresort führt. Seit sie Säuglinge waren, treffen sich die beiden dort jeden Winter.

Wenn es etwas gibt, was Tim auf den Reisen vermisst, dann sind es Freunde. Ihm fehlen dabei nicht nur seine engen Freunde, sondern auch ganz einfach Kinder, mit denen er spielen kann. Als er kleiner war, war das einfacher, Sprachbarrieren interessierten ihn kaum und es fiel ihm weniger auf, wie sehr er mit seiner weißen Haut und den roten Haaren aus der Menge heraussticht. Doch je älter er wird, desto zurückhaltender wird er damit, Kontakte zu knüpfen. Auch deshalb planen wir unsere Reisen nach Möglichkeit so, dass wir wenigstens ein paar Tage an einem Ort verbringen, damit Tim die Chance hat, Kinder kennenzulernen. Das klappt nach den ersten Anlaufschwierigkeiten immer noch gut und spätestens am dritten Tag ist Tim Teil der örtlichen Kindergang.

Dieser Junge in einem indonesischen Kinderheim wollte Tim kaum gehen lassen. Wir erleben oft, dass gerade Kinder aus schwierigen Verhältnissen Tims Nähe suchen – so, als würde da ein Stückchen heile Welt auf sie abfärben.

Weil sich alle Kinder für Computerspiele interessieren, ist das Smartphone bei der Kontaktaufnahme eine große Hilfe. Ohne dass groß Worte gemacht werden müssten, zeigen sich die Kinder gegenseitig, welche Spiele sie haben und wie man das nächste Level erreicht. Ist das Eis erst einmal gebrochen, ist Tim schnell mit seinen neuen Freunden auf Erkundungstour. Wichtig ist dabei immer, dass er sich zuerst in Ruhe mit einzelnen Kindern anfreunden kann, bevor er auf die ganze Truppe trifft.

Rechts:
Die Jungs im Kinderheim Stairway auf den Philippinen spielten stundenlang gemeinsam mit Tim. Als wir abreisen mussten, gab es auf beiden Seiten Tränen.

Trotzdem wächst mit der Zeit die Sehnsucht nach den Freunden zu Hause. Da hilft manchmal nur eine ausgiebige Skypesitzung, bei der er Fundstücke und neue Spielsachen zeigen und vor allem ausgiebig erzählen und herumalbern kann.

In einem Fußballprojekt von Kolping für Slumkinder in Sao Paulo, Brasilien, war Tim angesichts der vielen Jungs erst einmal verschüchtert. Dieser Junge nahm ihn buchstäblich an die Hand und zeigte ihm alles.

Zum Abschluss des Tages bekamen alle Kinder eine Auszeichnung fürs Mitmachen und das faire Spiel. Jedes einzelne Kind wurde von den übrigen beklatscht – auch Tim. Die Medaille hütet er immer noch wie einen Schatz.

Auch wenn der Bildschirm noch so klein ist – wenn Tim anderen Kindern Spiele oder Filme auf dem Smartphone zeigt, ist das Eis schnell gebrochen.

Bei den Fotoaufnahmen für unseren Bildband über Uruguay und Paraguay waren wir oft länger in abgelegenen Gegenden ohne Spielkameraden unterwegs. Dafür waren die Kletterbäume umso besser.

Wer braucht schon Kinder, wenn er einen echten Gaucho als Freund findet? Roberto von der Hacienda Villa Serena in Uruguay zeigte Tim, wie man melkt, Pferde pflegt und sattelt.

Einen ganzen Tag lang begleiteten wir die Gauchos der Hacienda bei ihrer Arbeit mit den Kühen durch die Pampa. Das forderte von Tim einiges an Geduld …

… die schließlich belohnt wurde: Zum Schluss durfte er selber ausreiten. Ohne geführt zu werden durch die Pampa zu traben war sein persönlicher Höhepunkt der sechswöchigen Reise.

In Uruguays Hauptstadt waren wir eine Woche lang jeden Tag stundenlang zu Fuß auf Motivsuche unterwegs. Um wirklich alles zu fotografieren, mussten wir mit dem Grundsatz, täglich nur eine Sehenswürdigkeit zu besichtigen, gründlich brechen.

Damit ihm dabei nicht langweilig wurde, machte Tim seine Hausaufgaben unterwegs und notierte bei jeder Gelegenheit, was er sah und lernte. Der Reisetagebucheintrag, der hier entstand, handelt vom Mausoleum von General Artigas.

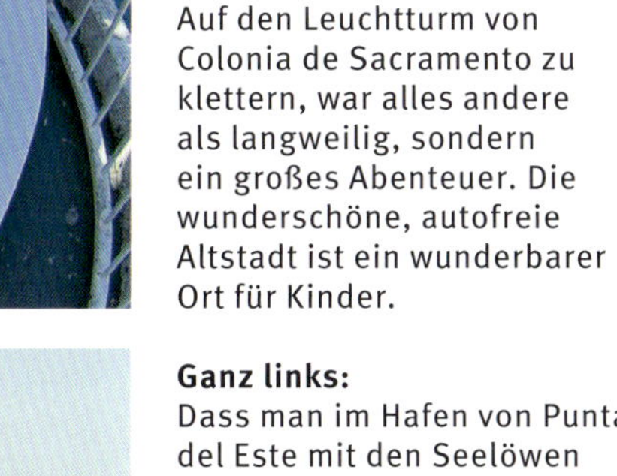

Auf den Leuchtturm von Colonia de Sacramento zu klettern, war alles andere als langweilig, sondern ein großes Abenteuer. Die wunderschöne, autofreie Altstadt ist ein wunderbarer Ort für Kinder.

Ganz links:
Dass man im Hafen von Punta del Este mit den Seelöwen fast auf Tuchfühlung gehen kann, musste Tim noch an Ort und Stelle in seinem Reisetagebuch festhalten.

Links:
In den gigantischen Sanddünen bei La Valizas zeigte sich, dass sich ein Sandboard gar nicht so anders fährt als ein Skateboard.

Seite 108/109:
In der weiten Pampa Uruguays kann man stundenlang unterwegs sein und dabei nur Gras, Kühe und gelegentlich ein Gatter sehen.

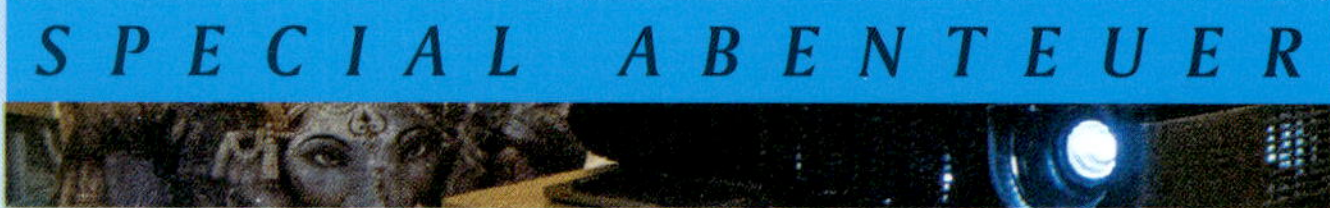

Heimunterricht in der Ferne

Rechts:
Am Ende jeder Reise steht ein Vortrag in seiner Klasse. Tims Lehrerin findet, dass dadurch nicht nur er, sondern alle Kinder von unseren Reisen profitieren.

Seit Tim in die Schule geht, müssen wir uns unterwegs darum kümmern, dass er während einer Reise mit seiner Klasse Schritt hält. Sachkunde können wir dabei vernachlässigen, Tims Klassenlehrerin ist so wie wir der Meinung, dass er bei diesen Reisen viel mehr über die Welt lernt, als sie je in einem Klassenzimmer vermitteln könnte. Und Englisch lernt er, wenn wir nicht gerade in Lateinamerika sind, einfach nebenbei. Doch Schreiben und Mathe müssen wir unterwegs mit ihm üben.

Reisetagebuch

Dazu führt Tim schon seit der ersten Klasse ein Reisetagebuch. Darin schreibt er jeden Abend ein paar Sätze über ein Erlebnis des Tages, malt dazu ein Bild oder klebt Fundstücke wie Schlangenhaut, Geckoschwänze oder Papageienfedern ein. Zusammen mit ein paar Bildern und Hintergrundinformationen schicken wir das Ganze dann an seine Klassenlehrerin, die das seinen Mitschülern zeigt.

Erleben, beobachten, womöglich im Internet nachrecherchieren und dann alles im Reisetagebuch festhalten – Dinge, die Tim auf diese Weise lernt, vergisst er nie wieder.

Während der Reisen darf sich Tim weitgehend selber aussuchen, mit welchen Themen er sich beschäftigen möchte. Und manchmal steigt er richtig tief in ein Thema ein. In Indonesien beispielsweise, waren das Vulkane. Was passiert, wenn einer ausbricht? Wohin retten sich die Menschen? Wie werden sie gewarnt? Auf der Suche nach Antworten auf diese Fragen besuchten wir Museen, sahen uns zerstörte Dörfer an und recherchierten im Internet. Zum Schluss stellten wir sogar den Ausbruch des Merapi in einem Modell nach. Darüber zu schreiben, macht Tim riesigen Spaß. Er hat seiner Klasse etwas Interessantes zu erzählen und die Frage, warum er denn jetzt sein Tagebuch schreiben soll, stellt sich erst gar nicht. Wenn sich vorher abschätzen lässt, welches Thema auf der Reise wohl aktuell werden wird, nehmen wir entsprechende Bücher mit, in denen er sich selbständig Informationen suchen kann. Und plötzlich liest er jeden Tag und völlig ohne Aufforderung in einem Sachbuch.

Selbständiges Arbeiten

Für uns ist es nicht ganz ohne, sich nach einem langen und anstrengenden Arbeitstag noch mal für eine Stunde hinzusetzen und Matheaufgaben und Rechtschreibregeln zu erklären. Aber es macht auch Freude, hautnah zu erleben,

Die meisten Fotos seiner Vorträge kommen noch von Christian. Aber ab und an ist auch eines darunter, das Tim selber gemacht hat.

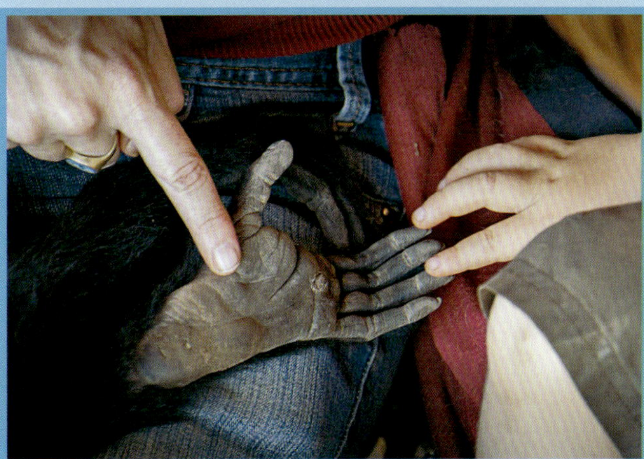

Wie sieht die Hand eines Affen aus und worin unterscheidet sie sich von einer menschlichen? Wir begreifen es als großen Gewinn, dass Tim sowas ganz direkt beobachten kann.

Ganz links:
Wir sammelten in Uruguay nicht nur die Federn der Papageien, sondern beobachteten auch, wie sie in Kolonien zusammenleben.

wie Tim ein Prinzip begreift und dann anwendet – davon bekommen wir ja im normalen Schulalltag wenig mit. Und ganz nebenbei lernt Tim auch, selbständig zu arbeiten. Wenn ihm, weil wir drehen oder Interviews führen, zwischendurch langweilig ist, fängt er oft einfach schon mal an, denn er weiß ja, dass jede erledigte Zeile im Schönschreibbuch abends mehr Zeit im Pool bedeutet.

Nach jeder Reise hält Tim – zur Zeit noch mit unserer Unterstützung – ein kleines Referat für seine Klasse. Wir überlegen uns gemeinsam, was seine Mitschüler besonders interessieren könnte, wählen Bilder aus und denken uns eine kleine Dramaturgie aus. Zusammen halten wir dann einen Vortrag und beantworten die Fragen. Auf diese Weise hat die ganze Klasse etwas von Tims Weltreisen.

Taschengeldtag in Indonesien. Praktischer als beim Umrechnen von Währungen kann man Mathe kaum lernen.

Dieser panamaische Käfer ist bei Weitem nicht das einzige Insekt, das Tim unter die Lupe genommen hat.

Eine WDR-Reportage über den Merapi bescherte uns einen Tag, bei dem es auf der indonesischen Insel Java rund um einen der gefährlichsten Vulkane der Welt ging.

Natürlich macht so eine Vulkantour viel Spaß. Aber sie ist trotzdem Teil der Arbeit, bei der Tim die Disziplin aufbringen muss, während der Interviews still zu sein.

Bei einem Vulkanausbruch ist nicht die Lava das Gefährlichste, sondern die 700 Grad heißen pyroklastischen Gasstürme, die wie in dem Dorf Patung alles verbrennen, was auf ihrem Weg liegt.

Normalerweise gehen wir auf unseren Reisen eher selten ins Museum – zu theoretisch. Doch in Kaliurang am Fuße des Merapi war der Besuch eine wunderbare Ergänzung zu den Erlebnissen der Vulkantour.

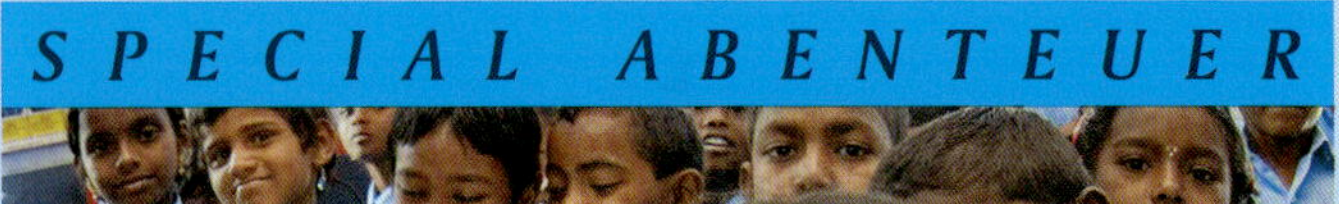

Schulen für Reisende

So manche Schule ist mit einer Schulbefreiung womöglich großzügiger, wenn man sein Kind unterwegs auf eine Ersatzschule schickt. Aber ganz so einfach ist das nicht. Die großen, anerkannten internationalen Schulen gibt es nur in den Metropolen, in deren Chaos und Smog wir uns so wenig wie möglich aufhalten. In den kleinen lokalen Dorfschulen wird in der Landessprache unterrichtet, die Klassen sind oft riesig und der Unterricht besteht nicht selten aus stumpfem Auswendiglernen. Doch an einigen Orten, an denen viele Reisende länger bleiben wollen, haben sich freie Schulen gegründet, die genau auf die Bedürfnisse weltreisender Kinder zugeschnitten sind.

Rechts:
Die Schulklassen in Entwicklungsländern sind in der Regel groß und der Unterricht gerade in Indien hauptsächlich frontal.

Wilde Mischung

In Goa, wo wir in Indien unser festes Standbein haben, schicken wir Tim in die Vidya-Aranya-Schule. Sein Klassenzimmer ist ein Tisch mit zwei Bänken unter einem Schattendach, seine Lehrerin aus Indien, seine Mitschüler aus 15 verschiedenen Ländern, die Unterrichtssprache Englisch und das Schulkonzept orientiert sich an Rudolf Steiner. Es herrscht ein ständiges Kommen und Gehen, denn viele der Schüler sind nur für ein paar Wochen hier. Außerdem hat die Schule ein permanentes Läuseproblem. Keine Frage, das ist eine ziemlich wilde Mischung und man muss ein bisschen experimentierfreudig sein, um sich darauf einlassen zu können. Aber es funktioniert.

Im auf Tagalog gehaltenen Unterricht der philippinischen Dorfschule hätte Tim nichts verstanden. Doch in den Pausen war er mit dabei.

Teil einer Gemeinschaft

Klar, deutsche Rechtschreibung müssen wir schon selber mit Tim üben und den Sachkundeunterricht daheim verpasst er auch. Doch in Mathe bleibt Tim auf dem Stand der Dinge und in Englisch ist er seinen Schulkameraden in Deutschland weit voraus. Am Anfang ist das immer ein Sprung ins kalte Wasser, aber wir sind immer wieder erstaunt, wie schnell sich Tim in der fremden Sprache zurechtfindet. In der zweiten Klasse konnte Tim nach gerade mal einer Woche einen Relativsatz bilden, nach zwei Wochen konnte er von seiner österreichischen Mitschülerin, die ihm anfangs alles übersetzte, weggesetzt werden. Es gibt Eltern, die eigens wegen des Englischlernens einen Winter in Goa einlegen. Vor allem aber bringt so eine Schule für weltreisende Kinder für eine gewisse Zeit eine tägliche Routine und das kann, gerade wenn man viel und lange unterwegs ist, sehr erholsam sein. Freundschaften werden geschlossen, Verabredungen getroffen, Kindergeburtstage mit Schatzsuchen

am Strand gefeiert. Schnell ist man nicht mehr fremd, sondern Teil einer Gemeinschaft, die sich oft jedes Jahr wieder zusammenfindet.

Vidya Aranya in Goa ist nicht die einzige Schule für Reisende. Da gibt es die Green School auf Bali, Indonesien, die The Sala School auf Koh Samui, Thailand, oder die Diani Beach Primary School in Diani, Kenia. Und das sind nur ein paar Beispiele. Der Besuch dieser Schulen ist nicht ganz günstig, je nachdem, wo sie ist und wie lange man bleibt, beträgt das Schulgeld zwischen 200 und 450 Euro im Monat. Alle stellen Schulbescheinigungen aus, sodass der Schulpflicht Genüge getan ist. Zumindest in der Grundschulzeit und oft auch in der Mittelstufe bleiben so lange Reisen auch dann möglich, wenn die Heimatschule den „Heimunterricht in der Ferne“ ablehnt.

Oben:
In dieser von der Kindernothilfe finanzierten Slumschule in Mumbai, Indien, bekommen die Kinder jeden Tag eine Mahlzeit. Das soll auch die Eltern motivieren, die Kinder zum Unterricht statt zur Arbeit zu schicken.

Ganz links:
In der Dorfschule im mexikanischen Chiapas warten die Schüler an diesem Tag vergeblich auf ihren Lehrer. Das ist keine Seltenheit. Manchmal fehlt den Lehrern schlicht das Geld für Benzin.

Links:
Kleine Klassen und Unterricht nur auf Englisch. Trotz dem ständigen Schülerwechsel lernen die Kinder in der Vidya-Aranya-Schule eine Menge. Wenn nicht gerade die der Schule zugelaufenen Hundebabys herumtollen und für Ablenkung sorgen …

Links:
In den Schulen für Reisende herrscht ein ständiges Kommen und Gehen. Im Morgenkreis der Vidya-Aranya-Schule in Goa, Indien, wird mehrmals pro Woche ein neues Kind begrüßt.

Die UNESCO-Weltkulturerbestätte Patan im Tal von Kathmandu, Nepal, ist ein großartiger Ort, um ihn mit Kind zu besichtigen. Historische Details sind für einen Siebenjährigen zwar schnell langweilig ...

... aber das tägliche Leben, das sich inmitten der alten Tempel und Paläste abspielt, auf sich wirken zu lassen, das war für die ganze Familie wunderbar.

Ohne sich im Geringsten zu bewegen steht dieser Mönch den ganzen Tag stocksteif in der buddhistischen UNESCO-Weltkulturerbestätte Bodnath der Exiltibeter.

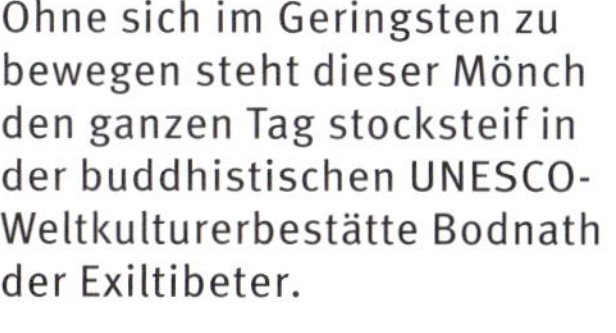

Ganz links:
In den Gebetsmühlen sind kleine Zettel mit Segenswünschen versteckt. Nachdem wir das gelernt hatten, drehte Tim sie gleich noch einmal so gerne.

Links:
Die alltägliche, tiefe Religiosität der Tibeter hat nicht nur Tim, sondern die ganze Familie fasziniert. Wir brachten nach Hause größere Mengen Gebetsfahnen mit, die nun in unserem Garten flattern.

Ganz links:
Der Wächter der großen Gebetsmühle in Bodnath fand Tim ebenso faszinierend, wie der ihn. Ohne viele Worte verstanden sich die beiden auf Anhieb.

Links:
Nach Schulschluss füllt sich Patan mit Kindern. Die historische Stätte ist weit und breit die einzige autofreie Zone.

Bei den Dreharbeiten zum Jahrestag des großen Erdbebens von 2015 half Tim mit, während er darauf wartete, dass die Kinder des Dorfes endlich aus der Schule kommen würden.

So widrig die Lebensumstände selbst ein Jahr nach dem Erdbeben immer noch waren – die liebevolle Massage ihrer Tochter gehörte für Punam auch in den Trümmern zum täglichen Ritual.

Rechte Seite:
In Südnepal begleiteten wir für eine Reportage die Elefanten der Tiger Tops Lodge. Tim schleppte stundenlang Stücke von Bananenstauden als Proviant für sie mit.

Blick über den Tellerrand: Kinderarbeit

Rechts:
In vielen Steinbrüchen Indiens arbeiten Kinder, sobald sie alt genug sind, einen Hammer zu halten. Ihre Eltern stehen bei den Eigentümern der Steinbrüche in Schuldknechtschaft.

Laut einer Konvention der Internationalen Arbeitsorganisation ILO dürfen Kinder erst ab einem Alter von 14 Jahren arbeiten. Fast alle Länder haben diese Konvention unterschrieben, trotzdem gehört Kinderarbeit in Entwicklungsländern zum Alltag. Kinder schuften in Steinbrüchen und Minen, suchen im Müll nach Verwertbarem, knüpfen Teppiche, verkaufen Kaugummi und schwarzgebrannte DVDs am Straßenrand. Nach Schätzungen von UNICEF tragen weltweit rund 168 Millionen Kinder zum Unterhalt bei. Der Grund dafür ist fast immer derselbe: Ihre Eltern verdienen nicht genug, um die Familie über die Runden zu bringen. Die Folge: Weil die Kinder keine ausreichende Schulbildung erhalten, werden auch sie später nur Tagelöhnerjobs erhalten, die nicht genug einbringen, um eine Familie zu ernähren und auch ihre Kinder werden arbeiten müssen. Um diesen Kreislauf zu durchbrechen, gibt es beispielsweise in Indien informelle Straßenschulen, in die Kinder zwischendurch für ein, zwei Stunden kommen, um wenigstens ein wenig rechnen, schreiben und lesen lernen zu können. Oder die Eltern erhalten Ausgleichsgelder, wenn sie ihre Kinder zur Schule schicken.

In Bolivien trafen wir Kinder, die sich zu einer Gewerkschaft zusammengeschlossen haben und das Recht fordern, arbeiten und gleichzeitig zur Schule gehen zu dürfen. Ihre Argumentation ist bestechend: Nur, wenn sie Geld für ihre Schulmaterialien verdienen können, haben sie überhaupt die Möglichkeit zum Schulbesuch. Tatsächlich hat Bolivien daraufhin die Gesetzte geändert und Kinderarbeit unter bestimmten Bedingungen ab zwölf Jahren erlaubt.

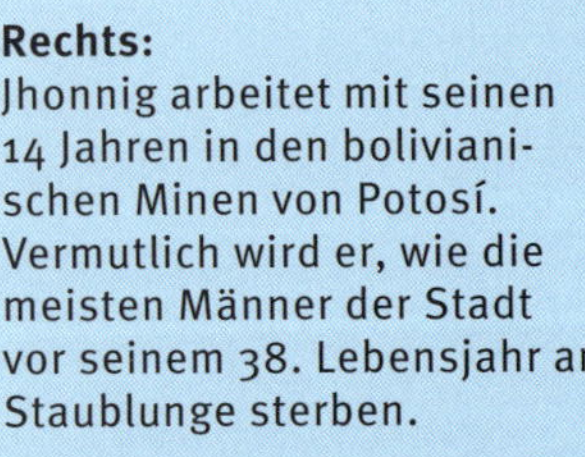

Rechts:
Jhonnig arbeitet mit seinen 14 Jahren in den bolivianischen Minen von Potosí. Vermutlich wird er, wie die meisten Männer der Stadt vor seinem 38. Lebensjahr an Staublunge sterben.

Links:
Mit ihren 13 Jahren ist Joselin Vorsitzende der Kindergewerkschaft UNATsBO. Die kindliche Grabpflegerin hat mit durchgesetzt, dass Kinder in Bolivien schon mit 12 statt mit 14 Jahren arbeiten dürfen.

Unten:
Die elfjährige Heena sucht seit ihrem siebten Lebensjahr auf Mumbais größter Müllkippe nach Verwertbarem. Immer wieder verletzt sie sich in dem sich selbst entzündenden Müll – ihre Eltern haben nicht einmal genug Geld, um ihr Schuhe zu kaufen.

Nützliche Informationen

Reisevorbereitung

Gepäck
Unsere Grundregel beim Packen lautet: Bloß nicht zu viel mitschleppen. Mit Ausnahme von deutschen Büchern bekommen wir im Zweifel alles, was wir doch noch brauchen, vor Ort. Es macht für uns kaum einen Unterschied, ob wir für eine Woche oder drei Monate unterwegs sind, wir packen einfach immer genug für acht Tage ein und lassen dann unterwegs waschen. Weil in den Wäschereien womöglich mit Bleiche gekleckert oder die Klamotten ausgiebig gegen Steine geschlagen werden, lassen wir Lieblingsstücke zu Hause. Für Tim nehmen wir meistens Sachen mit, die ihm bald zu klein sind und die wir vor der Heimreise verschenken.
Als Gepäckstücke haben sich beim Reisen mit Kind Koffer besser bewährt als Rucksäcke. Man findet darin nicht nur schneller das Gesuchte, sondern hat auch immer eine Sitz- oder sogar Schlafgelegenheit dabei. Außerdem ist ein breiter Schal sehr nützlich, der unterwegs auch als Decke dienen kann. Zudem sollten auch bei älteren Kindern immer ein paar Feuchttücher griffbereit sein.

Spielzeug und Unterhaltung
Wir lassen Tim vor jeder Reise eine Auswahl an Spielzeug zusammenstellen, die er mitnehmen möchte. Diese Auswahl gehen wir dann noch mal zusammen durch und überlegen gemeinsam, ob es wirklich sinnvoll ist, seine Lieblingsfossilien mitzunehmen. Sehr bewährt hat sich eine Reisekiste für Lego, womit Tim nie langweilig wird, das wenig wiegt und weil er damit auch gemeinsam mit anderen Kindern spielen kann, ohne viele Worte zu brauchen. Seit Tim älter ist, haben wir ein Reiseschach und ähnliche Spiele dabei. Was immer Tim einpackt, es muss verzichtbar sein, sei es, weil es unterwegs verloren gehen kann oder aber verschenkt wird. Und: Alles muss zusammen mit den Schulsachen in seinen Tagesrucksack passen. Was auf keinen Fall fehlen darf, ist ein Reisetagebuch, in das nicht nur gemalt und geschrieben, sondern in das auch Fundstücke eingeklebt werden können. Es hilft, das Erlebte zu sortieren, und ist zugleich ein wunderbares Erinnerungsstück. Wir verwenden ein robustes Moleskineheft ohne Linien, es gibt aber auch spezielle Reisetagebücher für Kinder. Fast genauso wichtig wie ein Reisetagebuch ist eine eigene Kamera für Tim. Zum einen hat er damit eine wunderbare Beschäftigung, zum anderen ist es faszinierend zu sehen, was er unterwegs so interessant findet, dass er es festhalten möchte. Unverzichtbar für lange Fahrten und Wartezeiten am Flughafen oder zur Kontaktaufnahme mit einheimischen Kindern ist ein mit Spielen und Filmen vollgeladenes Smartphone oder iPad. Ein zusätzlicher externer Akku ist eine gute Idee.

Sonderausrüstung
Weil es seit der Einführung des Elterngeldes immer beliebter wird, mit kleinen Kindern auf Weltreise zu gehen, wittern die Reiseausrüster einen lukrativen Markt und bieten ständig neue Produkte an, die das Reisen mit Kind sicherer und einfacher machen sollen. Da gibt es Kinderreisebetten, die sich sehr klein zusammenlegen lassen, mobile Kindersitze fürs Restaurant, Sicherheitsgurtsysteme für Auto und Flugzeug und noch jede Menge mehr. Wir verzichten aber auf all diese sicherlich praktischen und nützlichen Dinge, nehmen unser Kind auf den Schoß und lassen es bei uns im Bett schlafen. Letzteres gibt ihm in der ständig wechselnden, neuen Umgebung noch einmal zusätzliche Sicherheit.
Ein sehr kleiner Gegenstand sei aber empfohlen: Die SOS-Kapsel. Normalerweise wird sie von Patienten um den Hals getragen, die bestimmte Medikamente benötigen. Wir notieren darin Name, Nationalität und unsere lokale Handynummer. Das gibt uns und vor allem Tim die Sicherheit, dass wir kontaktiert werden können, falls er einmal im Gedränge verloren gehen sollte. Im Zweifel tut es auch eine Kugelschreibernotiz auf dem Arm.

Unten:
Ein bisschen Platz und einen breiten Schal als Decke – mehr braucht Tim nicht, um wie hier am Flughafen von Manila ein Schläfchen zu halten.

Unten rechts:
Tücher kann man auf einer Reise mit Kind nie genug dabeihaben.

Reiseplanung

Nicht nur, weil es nervig ist, alle zwei Tage die Koffer zu packen, ist es sinnvoll, die Reise so zu planen, dass man wenigstens zwischendurch einmal länger an einem Ort ist. Es braucht immer ein paar Tage, bis Tim mit einem Ort vertraut ist, sich selbst zurechtfindet und Kontakte zu einheimischen Kindern knüpft.

Hotelwahl und -buchung
Wenn es um die Wahl eines Hotels geht, achten wir vor allem darauf, dass das Hotel einen Garten hat, denn wir finden es wichtig, dass Tim einen Bereich hat, in dem er sich frei bewegen kann, ohne gleich von begeisterten Frauen ins Bäckchen gekniffen oder von einer Kinderschar bestaunt zu werden. Wenn es dazu noch ein Pool gibt, ist das umso besser, schon deshalb, weil er dort meistens auf einzelne andere Kinder trifft. Was die Lage angeht, so versuchen wir nach Möglichkeit, ein Hotel in der Nähe eines Spielplatzes oder Parks zu finden. Bei der Zimmerwahl achten wir auf ein breites Bett und etwas zusätzlichen Platz, sodass sich Tim eine Ecke zum Spielen einrichten kann.
Keine Frage, es hat etwas, einfach ins Blaue loszufahren und sich dann nach der Ankunft vor Ort eine Unterkunft zu suchen. Aber nicht, wenn man ein Kind dabeihat. An der Rezeption zu hören bekommen, dass leider kein Zimmer frei ist und weiterziehen zu müssen, ist mit Kind im Gepäck nicht nur sehr nervig und anstrengend, sondern auch für das Kind höchst verunsichernd.

Transportmittel
Lange Fahrten lassen sich nicht vermeiden, wenn man ein wenig vom Land sehen will. Weil die Straßen oft schlecht und voll sind, braucht man ein Vielfaches der Zeit für die Strecke. Wenn es statt einer 18-stündigen Fahrt die Möglichkeit gibt, einen Flieger zu nehmen, schlagen wir zu. Haben wir die Wahl zwischen Bus und Bahn, geben wir immer der Bahn den Vorzug, denn dort kann man sich frei bewegen, bekommt etwas zu essen und es gibt eine Toilette. Außerdem kann man im Zug viel besser Kontakte zu Reisenden knüpfen als im Bus. Wenn das Hotel eine Abholung am Bahnhof oder Flughafen anbietet, nutzen wird das. Es ist einfach wesentlich stressfreier, nach seinem Namensschild Ausschau zu halten, als mit Taxifahrern zu verhandeln.
Einmal am Ziel angekommen, sind öffentliche Verkehrsmittel durchaus eine gute Wahl. Die Ein- und Aussteigenden zu beobachten und zu sehen, was da von Kampfhähnen bis zu Bananenstauden alles mitgeschleppt wird, ist schon für sich ein Erlebnis.

Unten links:
Tims Kinderärztin war gegen die Tollwutimpfung eines Einjährigen. Um in solchen Situationen entspannt bleiben zu können, haben wir trotzdem darauf bestanden.

Unten:
Ein Schraubenkasten mit Lego ist meistens alles, was Tim an Spielzeug unterwegs dabeihat.

Gesundheit

Das Thema „Gesundheit auf Reisen“ beschäftigt viele Menschen und wird deshalb ausführlich in jedem Reiseführer mit speziell auf das jeweilige Reiseland zugeschnittenen Informationen behandelt. Die beiden Ratgeber, die im Anhang empfohlen werden, enthalten darüber hinaus Kapitel, die sich mit Kindergesundheit unterwegs befassen. Deshalb beschränken wir uns hier auf einige wenige Punkte, die wir beim Reisen mit Kindern besonders wichtig finden.

Krankenversicherung
Eine Krankenversicherung, die nicht nur die Behandlung im Ausland bezahlt, sondern im Notfall auch dafür sorgt, dass man schnell wieder nach Hause kommt, ist ein absolutes Muss. Wir haben einmal erlebt, wie eine Familie, die darauf verzichtet hatte, nach einem Unfall mit offenem Beinbruch in Indien festsaß. Erst rückte das Krankenhaus das Kind nicht heraus, bis die Rechnung bezahlt war und dann infizierte sich in der tropischen Hitze die Wunde immer wieder neu. Selbst, wenn man für solche Fälle eine Reserve von einigen tausend Euro einplant – damit kommt man nicht weit, wenn man aus entlegenen Gegenden von den Fliegenden Ärzten geborgen werden muss.

Impfen
Selbst wenn man glaubt, in Deutschland auf Impfungen verzichten zu können, sollte man spätestens, wenn eine Reise ins außereuropäische Ausland ansteht, den Empfehlungen der Ständigen Impfkommission folgen. Denn was vielen nicht klar ist: Krankheiten, die in Europa ihren Schrecken verloren haben, sind in Entwicklungsländern noch sehr präsent. Wir werden manchmal sogar von Einheimischen gefragt, ob Tim gegen dieses oder jenes geimpft sei. Und in Nepal mussten wir uns einmal Hals über Kopf von einer Familie verabschieden, die gedacht hatte, auf Schutz gegen Polio und Typhus verzichten zu können, und in Panik abreiste, nachdem sie festgestellt hatte, dass beide Krankheiten dort vorkommen. Es gibt übrigens Krankenkassen (beispielsweise die Techniker), die die Kosten für sämtliche Reiseimpfungen übernehmen.

Malaria
Malaria ist vor allem für Kinder unter fünf Jahren äußerst gefährlich und einem kleinen Kind regelmäßig eine Tablette zu verabreichen ist für alle Beteiligten ein zweifelhaftes Vergnügen. Wir haben deshalb bis zu Tims fünftem Lebensjahr auf Reisen in Gebiete mit hohem Malariarisiko verzichtet und in Gebieten mit niedrigem Risiko ein Standbymedikament in Kinderdosierung dabeigehabt.

Reiseapotheke
Man bekommt zwar in der Regel alle Medikamente vor Ort, trotzdem haben wir immer eine Reiseapotheke dabei. Folgendes ist stets darin: Nasen- und Augentropfen, Wunddesinfektionsmittel, Pflaster und Verbandsmaterial, Paracetamol (für Kleinkinder als Zäpfchen), Elektrolyte, Imodium (auch als Saft für Kinder), Breitbandantibiotikum.

Ein philippinisches Tricycle, ein Motorrad mit Beiwagen, ist wahrlich kein großes Gefährt. Trotzdem bringt man darin problemlos eine dreiköpfige Familie nebst Gepäck unter.

Schulbefreiung

Die Entscheidung darüber, ob ein Kind für eine Reise vom Unterricht befreit wird, liegt bei der Schulleitung. Die schaut sich genau an, wie gut das Kind in der Schule ist, wie oft es schon aus anderen Gründen gefehlt hat, ob während der Beurlaubung wichtige Prüfungen anstehen und ob es in der Lage ist, den versäumten Stoff zügig nachzuholen. Die Schulleiter reagieren auf Anfragen zur Schulbefreiung sehr unterschiedlich. Manche unterstützen einen Auslandsaufenthalt, weil sie sehen, dass die Kinder davon profitieren. Andere sind zögerlicher. Wer vor der Einschulung absehen kann, dass er mit seinem Kind außerhalb der Ferien reisen möchte, sollte das bereits vor der Anmeldung seines Kindes ansprechen und im Zweifel noch bei einer zweiten Schule vorfühlen. Gleich ein Konzept vorzulegen, wie man sich das mit dem Unterrichten unterwegs vorstellt, und dazu ein Referat über die Reise anzubieten, hilft.

Tipps von Tim

- Die Kinder im Flugzeug so viele Filme sehen lassen, wie sie wollen, damit sie keine schlechte Laune kriegen.
- Nur wenige Spielsachen mitnehmen und nur solche, bei denen man nicht zu traurig ist, wenn sie verloren gehen.
- Auf jeden Fall ein Reisetagebuch schreiben, weil man sich dann so gut an die Reisen erinnert.

Weiterführende Literatur

Zwei umfassende Ratgeber seien hier empfohlen. Beide geben sowohl für klassische Ferienreisen in Deutschland und Europa, als auch für Reisen rund um die Welt jede Menge Hinweise und Informationen.

Das „*Reisehandbuch für Familien*" von Kerstin Führer und Jenny Menzel lässt keine Fragen offen. Für Leute mit viel Reiseerfahrung ist es womöglich zu ausführlich, doch wer auf Nummer sicher gehen will, wird hier bestens bedient.

„*Mit Kindern die Welt entdecken*" von Christine Sinterhauf enthält neben vielen nützlichen Tipps zur Reisevorbereitung auch einige Erfahrungsberichte. Vor allem aber geht das Buch auch auf Wander-, Kanu- und Fahrradreisen mit Kindern ein.

Sich auf die bevorstehende Reise vorzubereiten, ist auch für Kinder wichtig. Besonders gut gefällt uns dafür der liebevoll illustrierte Kinderweltatlas „*Alle Welt*" aus dem Moritz Verlag.

Unten links:
Weil die Fahrten tagelang dauern können, bekommt man in der indischen Bahn keinen Sitzplatz, sondern eine Pritsche zugewiesen. Sie ist zwar schmal, reicht aber im Zweifel für zwei Personen.

Unten:
Manchmal ist eine lange Busfahrt auch einfach eine ausgezeichnete Gelegenheit, sich von den vielen Eindrücken zu erholen.

Linke Seite:
Der Wind bläst am Fuße des Vulkans Ollagüe im Südwesten Boliviens eisig. Warm verpackt genoss es Tim trotzdem, sich bei einem kurzen Fotostopp ein wenig zu bewegen.

Links:
Gar nicht so unbequem, wie die Indígenas in Panama schlafen. Tim wollte aus der Hängematte überhaupt nicht mehr raus.

Unten:
Fischchen und kleine Krebse zwischen den Felsen zu entdecken und zu bestimmen, ist in Goa jedes Jahr aufs Neue eine von Tims Lieblingsbeschäftigungen.

Als wir sahen, wie eifrig einer der philippinischen Matrosen Wasser schöpfte, waren wir froh, dass das Boot so dicht an der Küste entlangfuhr, dass Tim im Notfall mit seinem Seepferdchen die Strecke geschafft hätte.

Impressum

Buchgestaltung:
Matthias Kneusslin
www.hoyerdesign.de

Karte:
Fischer Kartografie, Aichach

Printed in the EU
Repro:
Artilitho snc, Lavis-Trento, Italien, www.artilitho.com
Druck/Verarbeitung:
MultiPrint ltd, Kostinbrod, Bulgarien, www.multiprint.bg

ISBN 978-3-8003-4624-0

Dank an

Gerd und Regina Nickoleit dafür, dass sie uns immer zum Reisen mit Kind ermutigt haben und auf unser Haus aufpassen, wenn wir unterwegs sind.

Elfgart und Werner Nusch dafür, dass sie das Vertrauen haben, dass wir ihren Enkel immer wieder heil zurückbringen.

Tims Klassenlehrerin Martina Haesen und Schulleiterin Ulla Bluhm von der Grundschule Nützenberg, Wuppertal, dafür, dass sie für unsere Reisen so offen sind und uns dabei unterstützen.

Tims Bereichslehrerin Daniela Blicke dafür, dass sie uns in die Riege des Fahrenden Volkes aufgenommen hat und mit Tim nach den Reisen die Lücken schließt.

Unser gesamtes Programm finden Sie unter:
www.verlagshaus.com